Wandern
auf dem
Spanischen Jakobsweg

D1984890

Ulrich Wegner

DUMONT aktiv

Inhalt

Bitte schreiben Sie uns, wenn sich etwas geändert hat!
Alle in diesem Buch enthaltenen Angaben wurden vom Autor nach bestem Wissen erstellt und von ihm und dem Verlag mit größtmöglicher Sorgfalt überprüft. Gleichwohl sind – wie wir im Sinne des Produkthaftungsrechts betonen müssen – inhaltliche Fehler nicht vollständig auszuschließen. Daher erfolgen die Angaben ohne jegliche Verpflichtung oder Garantie des Verlages oder des Autors. Beide übernehmen keinerlei Verantwortung und Haftung für etwaige inhaltliche Unstimmigkeiten. Wir bitten dafür um Verständnis und werden Korrekturhinweise gerne aufgreifen:

DuMont Buchverlag, Postfach 10 10 45, 50450 Köln
E-Mail: reise@dumontverlag.de

Wandern auf dem Spanischen Jakobsweg

Wandersaison

Als beste Pilgermonate bieten sich Juni bis September an. Mai und Oktober können mit Nebel oder Regen und im Gebirge gar Schneefällen überraschen. Im Hochsommer ist in der offenen Weite der Meseta mit oftmals großer Hitze zu rechnen.

Anspruch

In der Rubrik ›Die Wanderung in Kürze‹ wird jeweils darauf hingewiesen, ob es sich bei der Wanderung um eine einfache (+), eine mittelschwere (++) oder eine anspruchsvolle (+++) Tour handelt.

Gehzeiten

Bitte beachten Sie: Alle in diesem Wanderführer aufgeführten Zeiten verstehen sich als Durchschnittszeiten. Rechnen Sie bei der Planung einer Tour lieber etwas mehr an Zeit, um unvorhergesehene Pausen (Rast, Fotografieren, Abstecher oder schlimmstenfalls ein Verlaufen) zu berücksichtigen. Auch ein Wettersturz, abgerutschte Wege oder angeschwollene Bäche können die Wanderzeit erheblich verlängern.

Wege und Markierungen

Grundsätzlich ist der Spanische Jakobsweg durchweg markiert. Veränderungen und Mißverständnisse können sich jedoch durch den Straßenbau (Begradigung, Verlegung, neue Numerierung etc.) ergeben, der auch vor historischen Wegstrekken nicht halt macht. Auch können alternative Wegstrecken neu markiert worden sein und stellen nun die Hauptroute dar. Grundsätzlich ist der frischesten Markierung zu folgen. Die rot-weißen G.R.-65-Markierungen weichen meist nur durch Umgehung der eigentlichen Ortszentren von der gelb gekennzeichneten Originalroute der Jakobsfreunde ab.

Daneben machen neue blau-gelbe Europaschilder mit dem Wandersymbol auf Stellen aufmerksam, wo der Weg die Autostraße kreuzt oder dicht neben ihr verläuft.

Ausrüstung

Bei allen Wanderungen gehört zum Nötigsten eine warme, regenfeste Garnitur (auch im Hochsommer), feste, aber möglichst leichte und bereits eingelaufene Stiefel, Sonnenschutz und eine Wasserflasche. Grundausstattung sind weiterhin ein Hut mit Band oder ein Kopftuch, ein Stock zum Wandern und um sich ungebetene Tiere vom Leibe zu halten (zuerst mit guten Worten versuchen), Pflaster, Medikamente, eine Taschenlampe, ein Leinenschlafsack für einfache Unterkünfte, ein Handtuch. Zur Verpflegung unterwegs frisches Obst, Trockenfrüchte, Traubenzucker und Wasser – mindestens 1 Liter für 3 Std., bei großer Hitze doppelt so viel.

Karten

Für die Orientierung auf der Wanderung existieren topographische Karten im Maßstab 1 : 50 000 vom Instituto Geográfico Nacional bzw. die Militärkarten vom Servicio Geográfico del Ejército (›Cartografía Militar de Espana, Serie L‹). Im Text sind jeweils die Nummern der entsprechenden Militärkarte (S. G. d. E.) angegeben.

Die Karten können vor Reiseantritt über Spezialbuchhandlungen bezogen werden, sind jedoch in der Regel nicht vorrätig und haben längere Lieferzeiten. Zu bedenken ist, daß ein kompletter Satz topographischer Karten einige Hundert DM kosten kann. Grundsätzlich kommt man mit den Wegbeschreibungen und Karten dieses Buches zurecht, ergänzt durch die Wegmarkierungen vor Ort.

Notruf

Polizei: landesweit ✆ 091

Unterkünfte

Neben den festen Pilgerherbergen *(refugio)* stehen den echten Fußpilgern während der betriebsamen Monate Juli und August kurzfristig einfache Herbergen *(albergue/alojamiento)* etwa in Dorfschulen o. ä. zur Verfügung. Zusätzliche Campingmöglichkeiten werden dann auch in fast allen größeren Dörfern am Jakobsweg angeboten. Eine Auswahl von guten, mittleren und einfachen Hotels/Gasthäusern wird im laufenden Text angegeben.

SYMBOLE IN DEN KARTEN

- Gasthaus, Refugio
- Kirche
- Kapelle
- Kloster
- Burg, Schloß
- Denkmal, Monument
- Mühle
- Wegkreuz
- Höhle
- Wasserfall
- Quelle

Der Ursprung des Jakobskultes

Die Auffindung des Apostelgrabes

Als im ersten Drittel des 9. Jhs. unversehens die Gebeine Jakobus' d. Ä. in einer römischen Nekropole an der Stelle des späteren Compostela entdeckt wurden, fand eine mehrere Jahrhunderte alte Vorentwicklung ihren logischen Abschluß: Wie aus der Luft gegriffen, war im ›Breviarium Apostolorum‹ (6./7. Jh.) zum ersten Mal der Name des Jesusjüngers mit der Missionierung Spaniens in Verbindung gebracht worden. Dem vagen Hinweis auf sein Grab an einem Acha Marmarica, in Arcis Marmoricis o. ä. bezeichneten Ort, etwa in der Bedeutung Marmorgrabstätte, folgten im 8. Jh. Texte des Angelsachsen Beda Venerabilis und des asturischen Mönches Beatus von Liébana, in denen Jakobus Prediger und Patron Spaniens genannt wird.

Als ein Zeitpunkt für die Auffindung der Gebeine käme das Jahr 825 in Frage: Denn in diesem Jahr war wie durch höheres Eingreifen Galicien einem zerstörerischen Raubzug des bereits herannahenden Emirs von Córdoba entgangen. Ein solcher Augenblick mochte bestens geeignet sein, um der recht gewagten Vermutung eines Einzelgängers Gehör zu verschaffen: Von himmlischen Klängen geleitet, sei der Einsiedler Pelagius als erster zur Ruhestätte des Jakobus gelangt und habe sogleich den Bischof Theodemir von Iria Flavia davon verständigt. Dieser ließ unter Fasten und Beten die von wundersamen Lichtzeichen überstrahlte Stätte freilegen und bestätigte den Fund des in Vergessenheit geratenen Apostelgrabs. Über das Legendenhafte hinaus gilt die Existenz Theodemirs durch den Fund seines Grabsteins (errechnetes Todesjahr 847) als erwiesen.

Alfons II. ließ über dem Grab eine Jakobskapelle errichten. Benediktinermönche betreuten sie. Nur 50 Jahre später ordnete Alfons III. bereits den Neubau einer größeren Kirche an. Rasch nahm die Bedeutung des Heiligtums zu; sein Ruf drang über die Grenzen des Reiches.

Die wundersame Reise nach Galicien

Eine äußerst knappe Notiz der Apostelgeschichte erwähnt den Tod Jakobus' d. Ä.: Herodes Agrippa läßt ihn, der zusammen mit seinem Bruder Johannes und mit Petrus vertrautester Begleiter Jesu war, im Jahre 44 als ersten Apostel »mit dem Schwert töten«. Sein Grab sollte folglich in Jerusalem vermutet werden. Auf die Frage, wie dann die sterblichen Überreste des Jakobus nach Galicien gelangten, gibt es keine fundierte Antwort. Auch die Annahme, daß Mönche auf der Flucht vor den Arabern die Gebeine ins Abendland gerettet hätten, bleibt pure Spekulation.

Dagegen erfuhr der wundergläubige Pilger aus den hochmittelalterlichen Jakobslegenden des ›Codex Calixtinus‹ und der ›Legenda Aurea‹ den übernatürlichen Hergang: Der Leichnam des Apostels sei nach seiner Enthauptung, von Engeln und Jüngern geleitet, in einem Boot nach Galicien in den Hafen von Iria gebracht worden, wo sich ein großer Stein wie Wachs als Sarg um ihn geformt habe. Auf Bitten der Jünger, ihnen bei der Überführung an einen würdigen Ort Hilfe zu leisten, habe die heidnische Königin Lupa »in wölfischer Tücke« einen mit wilden Stieren bespannten Karren gesandt, um sie zu töten. Auf das Kreuzzeichen hin seien die Bestien jedoch zahm geworden und hätten den Wagen mit dem Leichnam mitten in Lupas Palast gezogen. Diese habe darauf den Christenglauben angenommen und ihren Palast »in Jacobi Kirche geweiht«. Am 25. Juli sei die Translatio, d. h. die Überführung des Apostels nach Compostela, am 30. Dezember seine Bestattung ebendort erfolgt.

Zweifel, ob die bezeichnete Stelle nun tatsächlich das Ende dieser langen mysteriösen Reise des Jakobus markierte, wurden dennoch immer wieder laut. Besonders die in Toulouse aufbewahrten Reliquien ließen die Frage nach dem ›wahren Jakob‹ nicht verstummen. In neuerer Zeit tauchte dazu noch die Vermutung auf, daß gar der als Irrlehrer verteufelte Priscillian in dessen Grab läge. Wegen leibesfeindlicher Askese und astrologischer Auslegung des Christenglaubens war dieser spanische Bischof im Jahre 385 als erster Ketzer auf Befehl des christlichen Kaisers Maximus enthauptet (oder verbrannt?) worden. In Galicien und Nordportugal aber soll er noch lange von seinen Anhängern wie ein Heiliger verehrt worden sein. Basiert die Translatio Jacobi etwa auf einer älteren Überlieferung von Martyrium, Überführung und Grablegung des Priscillian – verbunden mit geheimnisvollen Himmelserscheinungen?

Essen und Trinken am Jakobsweg

Pilger haben zum Thema Essen im Jakobsland nicht allzuviel beitragen können. Man war schon zufrieden, wenn man ausgehungert und durstig in einem Klosterhospiz ein dünnes Süppchen, ein Stück Brot, einen Schluck Wein bekam – und pries überschwenglich die Orte, wo etwas mehr geboten wurde. Die Qualität des Weines aber – so des Rioja oder des Bierzo – wußte schon mancher mittelalterlicher Pilger zu schätzen. Heute kann der Jakobsweg dagegen auch zu einer rundum lukullischen Pilgerreise werden, bei der jede Region mit ihren eigenen Schlemmereien und Weinen verlockt.

In Aragón gibt es eine würzige Küche mit Vorliebe für Fleischgerichte, die oft mit einer Soße aus gebratenen Paprikastücken, Zwiebeln, Knoblauch und Öl serviert werden, z. B. Hähnchen in pikanter Soße *(pollo al chilindrón)*. Dazu trinkt man einen starken, aromatischen Rotwein de la tierra aus dem Pyrenäenvorland oder einen leichten Tinto aus Barbastro/Somontaño. Als regionale Spezialität gilt Rebhuhn oder Hase mit Schokoladensoße *(perdiz/liebre al chocolate)*.

In Navarra mischen sich die Einflüsse Frankreichs und des Baskenlandes mit einer deftigen Bauernküche. Zu den typischen Gerichten zählen ein pikanter Eintopf aus roten Bohnen und Wurst *(alubias rojas de Tolosa)*, geschmortes Kaninchen mit Tomaten, Zwiebeln, Thymian und Knoblauch *(conejo a la Navarra)* oder überbackene Lammkoteletts mit Schinken, Wurst und Tomate *(chuletas de cordero a la Navarra)*. Weißer und grüner Spargel gilt als der beste in Spanien. Die kräftigen navarrischen Weine werden immer gefragter.

Obwohl in der Rioja der Wein wichtiger als alles andere ist, haben die Riojaner die Eßkultur keineswegs verkümmern lassen. In den *mesones* von Logroño, aber auch in unscheinbaren Orten (z. B. Rodezno bei Haro) findet man neben der verfeinerten Küche des Ebro-Tals die rustikalen Speisen der Hirten und Bergbauern, wie scharf gewürzte Kutteln *(callos a la Rioja)*, Aalstücke mit Zwiebeln, Knoblauch, Öl und Wein *(anguila riojana)* oder in Wein, Öl und Gewürzen gebeiztes Milchlamm *(lechazo a la rioja)*. Gerichte ›a la riojana‹ weisen auf Zutaten wie Paprika, Tomate, Spargel, Wurst und Wein hin.

Die kräftigen Fleisch- und Wildgerichte in Kastilien-León, stets gewürzt mit Thymian, Oregano, Rosmarin, Lorbeer und Knoblauch, scheinen noch aus der Zeit der Ritter und adligen Jäger zu stammen. Besondere Leckerbissen sind ein gebeizter, magerer Wildschweinschinken in Pilzsoße *(jamón de jabalí)*, Hirschmedaillons mit Paprika und Feigenmus *(medallones de venado con pimientos e higos)*, gewürzter Lammbraten aus dem Ofen *(cordero/lechazo/ternasco al horno)*. Ein besonders guter und selbst hier teurer Tropfen ist der Vega de Sicilia (bei Valbuena). Sonst bevorzugen die Einheimischen gute rote Duero-Weine (Ribera del Duero) sowie Claret- und Roséweine aus Cigales, Valdevimbre, Villafranca und vom Arlanza-Ufer bei Covarrubias.

Galiciens Kochkunst begeistert die Feinschmecker der gesamten Iberischen Halbinsel. Viehzucht und Fischfang garantieren ein ungewöhnlich reiches Angebot an originellen Gerichten. Die Chance, frischeste Meeresfrüchte und Fische zu genießen, drängt die Lust auf Fleisch in den Hintergrund. Als ideale ›Fischweine‹ werden die frischen weißen Riberos geschätzt. Einheimische ziehen den trüben, leicht moussierenden Landwein vor (Vino Verde, Vino de aguja, dem Federweißen ähnlich). Nach einem guten, schweren Essen darf ein Orujo (eine Art Tresterschnaps) nicht fehlen. Beliebt ist auch die Queimada, ein Weißweinpunsch mit Früchten.

Der Wein der Rioja wurde schon den Pilgern in den Herbergen Logroños kredenzt, eine königliche Urkunde erwähnt ihn gar im 12. Jh. Allmählich bürgerte sich die Bezeichnung Vinos de Rioja ein. Wenn der Rioja heute oft zwischen Burgunder und Bordeaux eingeordnet wird, so liegt das mit Sicherheit an den verfeinerten Methoden, mit denen Winzer aus Frankreich im 19. Jh. die kräftigen einheimischen Sorten veredelten. Nach der Vernichtung von ca. 60 % ihrer Weinberge durch die Reblaus waren sie zu Hunderten eingewandert und konnten sich rasch eine neue Existenz aufbauen.

Die besten Weine kommen aus der Rioja Alta, einem Gebiet zwischen dem Flüßchen (Río) Oja und den Ebro-Städten Haro und Logroño.

International nicht so hoch eingestuft, aber in Spanien sehr beliebt sind die fruchtig frischen Weißweine (Blanco), die hellroten Claretes, die teils schweren Roten der Rioja Baja (östlich von Logroño) und die kräftigen, herben Rotweine der baskischen Rioja Alavesa.

Wandernde Baumeister

Noch bis ins 11. Jh. kamen die Schöpfer kirchlicher Architektur vornehmlich aus den Reihen gelehrter Mönche. Schon damals ließ sich eine zunehmende Wanderbewegung von Künstlern aus den maurischen Territorien und Südfrankreich nach Nordspanien feststellen, die sich in der Vielfalt mozarabischer oder romanischer Bauwerke äußerte. Späteren Bauleuten führte so die Wallfahrt nach Santiago ein reichhaltiges Anschauungsmaterial vor Augen. So gibt es zwar Ähnlichkeiten bei den Kunstwerken am Jakobsweg, aber der Ehrgeiz der ausführenden Meister hat verhindert, daß es zu direkten Kopien kam.

Als Planer der Kathedrale von Compostela dürften die Franzosen Bernhard und Robert die älteren Pilgerkirchen ihrer Heimat zum Vorbild genommen haben. Die vollendete Form der Jakobsbasilika beeinflußte aber später anderswo notwendig gewordene Neu- oder Umbauten. Man orientierte sich am jeweils fortschrittlichsten Modell. Dennoch lassen sich die Spuren großer Meister an verschiedenen Zentren des Jakobswegs deutlich wahrnehmen. So hat z. B. ein und dieselbe Hand die Puerta de las Platerías von Santiago und die romanischen Portale von San Isidoro in León und der alten Kathedrale von Pamplona gestaltet.

Große Projekte für Stadt- oder Klosterkirchen wurden von Männern geplant, die gleichzeitig Architekten und schaffende Handwerker waren und über einen festen Stamm von Mitarbeitern verfügten. Erfolgreiche Meister wurden manchmal von einer Arbeitsstätte weg für ein neues Bauvorhaben angeworben. Aber auch bei Unstimmigkeiten zog mancher weiter – ein unstetes Leben war es in jedem Fall. Anstellung, Beschäftigung, Lohn und Arbeitsplatz wurden in der Ordnung der Bauhütte geregelt. Deren Mitglieder schlossen sich zu einer streng hierarchisch strukturierten Bruderschaft zusammen. Im Rang folgten auf den Meister der Parlier (Polier), dann die Bildhauer, Steinmetze, Gesellen, Maurer und Zimmerleute. Zudem gab es kurzfristig angeheuerte Hilfskräfte. Steinmetzzeichen markierten die Leistung der einzelnen Arbeitstrupps. Der Meister mußte Geometrie, Arithmetik und Statik beherrschen. Die Mitglieder seiner Bauhütte waren zu strengster Geheimhaltung der besonderen technischen Kenntnisse verpflichtet.

Seit dem 14. Jh. lösten sich Bildhauer und Maler allmählich von der ›Hütte‹ und verbreiteten ihre Kunst selbständig auf weiten Reisen. Zwei Jahrhunderte später führte der Zunftzwang zur Protestbewegung der Freimaurer, deren Name schließlich von einer übernationalen, aufgeklärten Geheimbewegung angenommen wurde.

Santiago Peregrino an der Turmfassade der Kathedrale von Santiago de Compostela

Fußpilger heute

Ein Ausblick

Zu Fuß, zu Pferde, per Fahrrad oder abwechselnd als Wanderer oder Autofahrer bewegen sich jährlich viele Tausend auf das große spirituelle und religiöse Ziel Santiago de Compostela zu. Pilger im echten Sinne möchte ich aber der Ehre halber nur diejenigen nennen, die – ob von Spanien oder von Polen aus – den Weg aus eigener Kraft bewältigt haben –, und das sind derzeit an die 5000 pro Jahr. Die Hälfte davon stellt das Jakobsland Spanien selbst, gefolgt von Deutschen und Franzosen.

Juni, Juli, August und September sind die beliebtesten Reisemonate. Nur ein Teil unternimmt diesen langen Weg aus rein religiösen Motiven. Zwar gibt es immer noch Gelübde-, Dank-, Fürbitt-, Buß-, Friedens- und sogar Schweigewallfahrten. Zumeist ist aber ein aktuelles einschneidendes Ereignis (Tod des Ehepartners, Arbeitslosigkeit, Rentenalter) oder aber der Wunsch nach Selbsterfahrung der Auslöser – in einer Welt, in der fast alles bereits ausgelotet ist. Bei Jugendgruppen steht oft das Gemeinschaftserlebnis und der sportliche Aspekt im Vordergrund, bei anderen Abenteuerlust, Kunst- und Naturbegeisterung.

Gerade die religiös und sportlich Motivierten suchen immer zuerst den kürzesten, berechenbaren Weg zum Ziel, ohne allzuviel Interesse an Kunst und Landschaft. Doch abends in den Herbergen kann ihnen die Begeisterung der Andersdenkenden Augen und Ohren öffnen. Unabhängig von der persönlichen Ausgangsbasis bringt die ungewohnte Situation des ›Aufdem-Weg-Seins‹ früher oder später alle Peregrinos auf einen gemeinsamen Nenner: Jeder muß zunächst mit seinen Füßen, den Schuhen, dem aufgebürdeten Gepäck und dem Wanderrhythmus zurechtkommen – in den meisten Fällen dauert die Gewöhnungsphase dabei eine Woche oder mehr. Sprachprobleme sind weniger gravierend, weil man schnell lernt, sich mit Händen und Füßen auszudrücken. Das ganze Elend des ›unbehausten, fahrenden Fremden‹ – unabhängig von seiner sozialen Position zu Hause – erleidet der Pilger von heute immer dann, wenn das Wetter ungünstig ist, wenn sein Körper dringend der Nahrung oder Ruhe bedarf.

Trotz touristischer Erschließung und jüngster Belebung des Herbergssystems ist man oft gerade dann meilenweit von einer derartigen Einrichtung entfernt, wenn man ›Feierabend‹ machen will. Man hofft auf ein Privatquartier in einem ›Nest‹ am Wege, doch niemand hier hat ein Bett zuviel.

Man beginnt darüber nachzudenken, welchen Grund diese normal arbeitenden Menschen hier haben könnten, einen aus der Schar der selbst ernannten ›Armen des Weges‹ in ihr Haus aufzunehmen, oder welcher Grund einen selbst zu Hause dazu veranlassen würde, einen fremden Passanten zu beherbergen. So unterwegs ist jeder arm und hilfsbedürftig – unabhängig von seinen Finanzen.

Um so mehr lernt man die kleinen Freuden schätzen, Worte und Augenblicke, über die man dann stundenlang nachdenken kann: die Begegnung mit Hirten, Zigeunern oder Landstreichern, den ›Verwandten des Weges‹; den Schatten unter dem einzigen Baum auf 30 oder mehr Quadratkilometern; die Rückgewinnung der Zeit, deren Maßstab nun der eigene Tagesmarsch ist und nicht der unnatürliche, mörderische ›time is money‹-Mechanismus unserer Arbeitswelt; das Erreichen oder Überschreiten von Schwellen hin zum Ziel; etwas zu berühren, das die Spuren der vielen Vorläufer aufweist; das Genießen von Essen, Trinken, Schlafen und von freundlichen Gesten. Uralte, einfache Rituale geben dem Tag seinen Sinn zurück. Am Ende ist es weniger die physische Leistung, sondern die hundertfache Selbstbezwingung, die bei jedem Pilger einen tiefgreifenden Wandel auslöst.

Wer Teile des Jakobswegs oder die ganze Strecke entlang gegangen ist, für den werden Santiago und Finisterre nicht das Ende sein: Die Faszination des Weges bleibt weiter bestehen. Da lockt noch fast im touristischen Abseits ein Netz von Zubringern und Nebenwegen durch einsame, ursprüngliche Landstriche, deren Erleben eine weitere Annäherung an die Pilgeratmosphäre vergangener Zeiten bedeutet. Ob es nun die Jakobsstraß' vor unserer Haustür, die Via Lombarda der italienischen Pilger mit ihren Alpenpässen oder die immer noch an Kunstwerken so reichen Routen durch Frankreich sind, der Menschenfischer Sankt Jakob läßt uns nicht mehr los. Aus diesem kulturellen Umfeld läßt sich verstehen, wie weit schon einmal gemeinsame Wertvorstellungen die Völker des Abendlandes auf den Weg zu einer tief empfundenen Einheit bringen konnten.

Tour 1

Auftakt am Paß

Vom Somport-Paß nach Jaca

Den ganzen Weg noch vor sich, steht man vielleicht etwas verloren zwischen gewaltigen Felsmassen am Startpunkt. Wenig erinnert an die Pilgerschaft auf diesem etwas unwirtlichen Paß.

DIE WANDERUNG IN KÜRZE

+++
Anspruch

10 Std.
Gehzeit

30 km
Länge

Charakter: anstrengend (v. a. aufgrund der Länge); einige steile Passagen; kurze Strecken über Land- und Dorfstraßen, sonst Erd- und Asphalt-Nebenwege oder Pfade

Markierung: weiß-rot und gelb; blaue Schilder mit Muschelsymbol

Ausrüstung: Tagesproviant, wetterfeste Kleidung

Wanderkarten: S. G. d. E., G. R. 65.3, 1/2 bzw. Nr. 175

Einkehrmöglichkeiten: Bars in den Dörfern am Weg, Restaurants in Jaca

Unterkunft: **Canfranc**-Estación: Albergue Grillo, ✆ 9 74-37 31 23; Canfranc-Pueblo: Albergue Sarganta, ✆ 9 74-37 32 17; Hotels in beiden Orten sowie in Villanúa und Castiello. **Jaca:** Refugio, C. Aznar 4, ✆ 9 74-35 51 16; *** Gran Hotel, Paseo de la Constitutión 1, ✆ 9 74-36 09 00; ** Conde Aznar, Paseo de la Constitutión 3, ✆ 9 74-36 10 50; * Hostal Abeto, C. Bellido 15, ✆ 9 74-36 16 42; Camping Victoria, ✆ 9 74-36 03 33/ 35 57 21 (1 km außerhalb an der N. 240 Richtung Pamplona)

Hinweis: Im Jahr 2000 soll der Somport-Tunnel eröffnet werden, der dem Autofahrer den Weg über die Paßhöhe erspart; als Pilger sollte man aber die herrliche Pyrenäen-Überquerung keinesfalls versäumen.

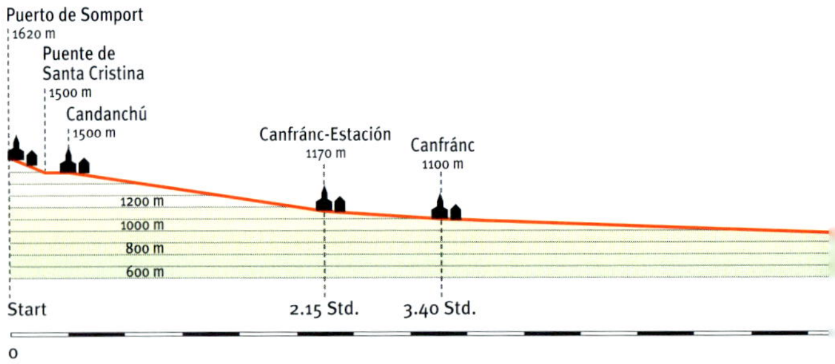

Wer auf der Via Tolosana – Schweizer und Deutsche nannten sie ›Oberstraß‹ – von Genf über Arles nach Santiago de Compostela zog, dem stand vom französischen Oloron ein langer, mühsamer Aufstieg bevor. An dessen Ende liegt der 1631 m hohe **Somport-Paß,** der die Grenze zwischen Frankreich und Spanien bildet. Von ihm bietet sich ein erster verheißungsvoller Blick ins ›Jakobsland‹ mit Hirten und Bauernbehausungen.

Von der Fahrstraße N. 330 nehmen wir auf der Paßhöhe zunächst rechts die Abzweigung Richtung Candanchú und biegen dann bereits nach ca. 30 m links bergab in einen unscheinbaren Pfad ein, der mit den gelben Zeichen der spanischen ›Freunde des Jakobswegs‹ und der rot-weißen Markierung des Fernwanderweges G. R. (Camino de Gran Recorrido) 65.3. versehen ist.

Die beiden unterschiedlich markierten Routen verlaufen zwar nicht ganz gleich, führen jedoch immer wieder zusammen. Grundsätzlich gilt, daß ›Gelb‹ strenger der authentischen Streckenführung des Jakobswegs von Dorf zu Dorf folgt, während ›Rot-Weiß‹ gelegentlich auf neue, naturnähere Alternativen ausweicht.

Nach einem Schlenker erreichen wir wieder die Straße, um den jungen, wilden Río Aragón auf der **Santa Cristina-Brücke** (30 Min.) zu überqueren. Diese erinnert an ein im Mittelalter hochgelobtes Paßhospiz, dessen spärliche Ruinen unweit von hier geortet wurden. Unmittelbar hinter der Brücke zieht unser Weg nach links leicht aufwärts von der Straße nach Candanchú weg, quert nach 400 m die N. 330, um sie nach ca. 2 km abermals zu berühren.

Weiterhin links von ihr und vom Fluß führt der kurvenreiche Pfad, teils mit Hilfe von Stufen, rasch abwärts. Zwei Abzweigungen nach links sind zu ignorieren. Der Weg überquert einen Zufluß des Río Aragón, mündet halblinks in eine Asphaltstraße (Richtung Formigal; 1.30 Std.), verläßt sie aber schon bald wieder nach halbrechts. In Serpentinen und über ein weiteres Gewässer hinweg folgt er kurz dem Zubringer zu einem Campingplatz, um sich bald darauf wieder nach rechts zum Aragón-Tal hin zu orientieren. Vorbei an der modernen Cristina-Herberge gelangt er schließlich nach Überquerung des Flusses in die Ortschaft **Canfranc-Estación** (2.15 Std.; Info-Tafel am Rathaus = *ayuntamiento)* mit ihrem riesigen Bahnhofgebäude. Auf der N. 330 durchquert man den Ort und erreicht hinter dem Straßentunnel links eine Treppe, die unterhalb des aufgestauten Flußbereichs zu einer Brücke führt. Auf dem anderen Ufer geht es flußabwärts rasch auf das ursprüngliche Dorf **Canfranc -Pueblo** zu (3.40 Std.), wobei auf der anderen Seite des Tales der markante Renaissance-Turm La Torreta auffällt.

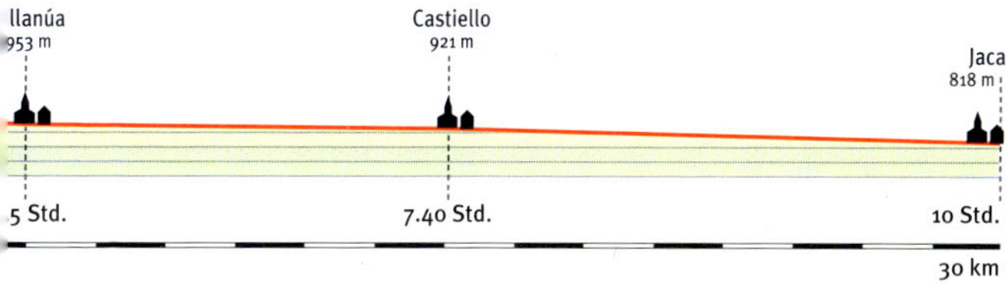

Hinter dem Ort leitet eine alte Bogenbrücke für ca. 2 km auf das linke Flußufer zurück, bis die Straße innerhalb einer Flußschleife zweimal zu queren ist. Nach der Passage durch das Dorf **Villanúa** (5.45 Std.) verläuft die günstigere von zwei markierten Strecken links von der N. 330 und dem Fluß. Sie passiert den neuen Friedhof und eine Müllkippe, bevor sie vor dem Aufstieg nach Castiello de Jaca Bahnlinie und Straße überquert.

In **Castiello** (7.40 Std.) biegen wir nach links auf die Nebenstraße Richtung Bescós de Garcipollera ab. Abwärts geht es über den Río Aragón und dann weiter rechts an seinem Ufer entlang. Ein Zufluß ist an einer Furt mit Hilfe von Trittsteinen zu überwinden.

Unser Weg mündet schließlich in die alte Trasse der N. 330 und quert bald darauf die neue **N. 330** (8.45 Std.). Immer links vom Río Aragón, senkt sich der Weg hinab zur Einsiedelei **San Cristóbal.** Über eine alte Bogenbrücke steigen wir aus der Flußaue hinauf ins Städtchen **Jaca** (10 Std.).

Jaca

Als Folge der zunehmenden Pilgerbewegung über den Somport-Paß kam der räumlich gesehen ersten spanischen Stadt am Jakobsweg eine besondere kulturelle Funktion zu. Nachdem Jaca Mitte des 11. Jh. Hauptstadt des jungen Königsreichs Aragón geworden war, wurde seine Bischofskirche vor allen anderen im Lande im romanischen Stil errichtet.

An der Avenida de Francia (N. 330/E. 07) liegt die auch heute noch militärisch genutzte **Zitadelle,** die Philipp II. im 16. Jh. als Garnison gegen

Am Somport-Paß

Frankreich und zur Kontrolle der nach Unabhängigkeit strebenden Bevölkerung von Aragón hatte erbauen lassen. Einst hatte hier draußen, außerhalb der ummauerten Stadt, ein Lazarushospiz gestanden, in dem die Aussätzigen und an Epidemien erkrankte Pilger von barmherzigen Menschen betreut wurden. Die gesunden Pilger betraten Jaca durch die Sankt-Peters-Pforte, die gegenüber der Zitadelle liegt.

Der wuchtigen romanischen **Kathedrale,** die 1063 geweiht wurde, galt zumeist der erste Besuch. In der offenen Vorhalle des mächtigen Westturms konnten die Neuankömmlinge Unterschlupf finden, bis ein Platz in einer der vier Herbergen gesichert war. Noch heute ist der dreischiffige Bau zweifellos die bedeutendste Sehenswürdigkeit von Jaca. Trotz erheblicher Veränderungen von Altarraum, Gewölben und Seitenkapellen (16./17. Jh.) überwiegt der romanische Anteil. Besonders beeindrucken die frühen Figurenkapitelle im Innern und an den Vorhallen. Unter den Renaissance-Figuren, die in der tief eingeschnittenen Westhalle Spalier stehen, ist unser Wegschützer Jakobus d. Ä. rechts zu erkennen: Pilgerhut und Muschelzeichen hängen über seiner Schulter. Bei Besichtigung des Kreuzganges der Kathedrale sollte man sich die außerordentlichen mittelalterlichen Fresken und Bildwerke aus verlassenen Provinzkirchen unbedingt anschauen. Echte Fußpilger können sich beim Domarchivar *(canónigo archivero)* das *credenciál,* eine Art Pilgerpaß, besorgen.

Im Gewirr der engen Gassen kommt der Calle Mayor mit dem Renaissance-Bau der **Casa Consistorial** (Rathaus) und seinen Läden immer noch die Rolle der Hauptgeschäftsstraße zu. An ihrem östlichen Ende liegt das Benediktinerinnenstift **San Salvador y San Ginés,** das den reliefgeschmückten romanischen Sarkophag der Prinzessin Sancha (Ende 11. Jh.) beherbergt.

Um die Santiago-Kirche entstand seit Ende des 11. Jh. das **Frankenviertel** von Jaca. Durch die Gewährung besonderer Niederlassungsrechte *(fueros)* an landesfremde fränkische Pilger in Jaca, an Kaufleute, Künstler und Handwerker, denen sich hier die Chance zum wirtschaftlichen Aufstieg bot, schuf Sancho I. das Modell für die Villafrancas, privilegierte Fremdenansiedlungen im gesamten Norden Spaniens. Außerhalb der Stadt lohnt die gut erhaltene alte **Puente San Miguel** über den Río Aragón einen Besuch.

Tour 2

Die Bergwälder der Vorpyrenäen

Von Jaca zu den Klöstern San Juan de la Peña und Santa Cruz de la Serós

Aus dem Tal des Río Aragón geht der Weg über steile Hügel zum romantisch gelegenen Felskloster San Juan. Die dichten Wälder auf der Kammlinie bieten selbst im Hochsommer Kühlung. Immer wieder öffnet sich der Blick zu den mächtigen Gipfeln der Pyrenäen.

DIE WANDERUNG IN KÜRZE

+++ Anspruch

7.30 Std. Gehzeit

19 km Länge

Charakter: anstrengend; steile, steinige An- und Abstiege; Pfade, Landwirtschfts- und Waldwege, ca. 5 km asphaltierte Forststraße

Markierung: anfangs weiß-rote und gelbe Zeichen

Ausrüstung: Tagesproviant

Wanderkarten: S. G. d. E., G. R. 65.3 1/2 bzw. Nr. 176

Einkehrmöglichkeiten: nur am Ziel

Unterkunft: Hotel Aragón, ✆ 9 47-36 21 89 (an der N. 240, ca. 300 m östlich der Abzweigung nach Santa Cruz de la Serós). **Santa Cruz:** Hostería Mesón Santa Cruz, ✆ 9 47-36 19 75 (nur auf Anfrage).

Wir verlassen **Jaca** auf dem Paseo de la Constitutión. Links führt uns der Camino Monte Pano zum Camping Victoria. Von hier verläuft unser Weg ca. 3 km zwischen dem Río Aragón und der N. 240. Unmittelbar hinter der Straßenbrücke über den **Río Gas** tauchen linker Hand die Werksgebäude der Refabricados Aneto auf (1.15 Std.). An der hölzernen Tafel »Camino de Santiago G. R. 65.3« beginnen motorisiert reisende Pilger die Wanderung.

Rasch steigt der breite Staubweg an und führt an zwei Schuppen vorbei nach oben. Nach ca. 10 Min. nehmen wir in einer Linkskurve quer zur Telefonleitung einen Pfad, erst geradeaus und gleich darauf halbrechts zum Bach hinunter (1.30 Std.). Da-

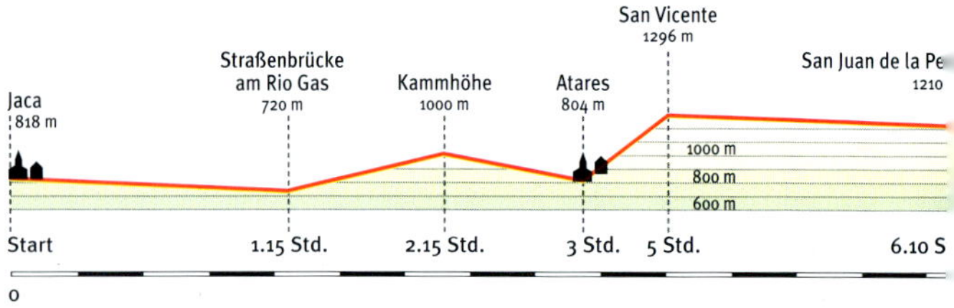

nach führt ein breiter Weg wieder den rechten Hang hinauf – links von Leitung und Hügelrücken. Weiter oben umgehen wir dicht am Hang (2 Std.) eine Mulde, erst nach links, dann rechts. Auf der Kammhöhe kreuzt die Leitung unseren Weg erneut – ein zweiter Weg kommt von rechts hinzu. Um eine breite, beakkerte Hochmulde herum gehen wir rechts am Waldrand entlang.

Wir kommen an eine Trockenmauer, die ca. 100 m rechts der Leitung auf einen paßartigen Einschnitt zuläuft (2.45 Std.). Halblinks unten tauchen die Häuser des etwa 600 m entfernten Dorfes Atarés auf. Dahinter sehen wir die nach oben führende Erdstraße, die wir später benutzen werden. Ein schwieriger, von Erosionsrinnen durchzogener Abstieg an der linken Hangseite steht uns bevor, der uns nach **Atarés** bringt (3 Std.). Wir gehen an der Kirche vorbei und orientieren uns am rechten Ufer des Bachbettes. Schließlich verläuft der breite Erdweg, an dem einzeln stehenden Haus (Aufschrift »Coto de Caza« = Jagdrevier) vorbei, in einer lang ansteigenden Rechts-Links-Windung nach oben.

Auffällig sind hier bizarre Schieferwände, die wie hohe Brandmauern isoliert in der Landschaft stehen. Weiter oben nehmen wir halbrechts unterhalb der waldigen Kammlinie eine kahle, von einer Wasserrinne durchbrochene Felsplatte wahr. Im weiten Bogen nach links folgen wir nun dem Bach und durchschreiten ihn nach Umrunden der hohen Böschung nach rechts aufwärts. Noch zweimal sind Erosionsrinnen zu queren, bevor es halblinks über einen spärlich bewachsenen Hügelrücken zum **Waldrand** hinaufgeht (4 Std.).

Hier treffen wir auf einen leicht verwilderten Serpentinenpfad, der halbrechts zur asphaltierten Forststraße des modernen Klosters hinaufsteigt. Wir biegen nach rechts auf die Asphaltstraße ab, verlassen sie aber gleich darauf nach links, um eine Kurve abzukürzen. Achtung: Hier nicht die Abzweigung nach links Richtung Botaya nehmen! Wir folgen der Fahrstraße bis kurz hinter **km 9** (5 Std.) und steigen dann rechts auf einem markierten Pfad aufwärts, wobei wir die größte Anhöhe, San Vicente, links von uns liegen lassen. Nun senkt sich der schattige Weg auf einen Felssporn zu und zieht danach, leicht ansteigend, nach links weiter zur Kreuzung **Cuatro Caminos** (5.50 Std.; Hinweisschild).

Von den navarrischen Gipfeln reicht der Blick bis zu den Dreitausendern östlich von Jaca. Direkt unter uns läßt sich rechts der Strommasten der gewundene Fußpfad nach Santa Cruz erkennen. Tief unten erstreckt sich das vom Río Aragón durchströmte, fruchtbare Becken von Berdún, dessen westlicher Teil von den aufgestauten Wassermassen dieses Flusses bedeckt ist. Der Querweg verbindet Santa Cruz (rechts abwärts) mit der barocken Klosterruine Monasterio Moderno (links aufwärts; Pyrenäenaussicht, Ausflugswiesen, Restaurant).

Unser Weg setzt sich fast geradeaus durch den Wald fort, macht eini-

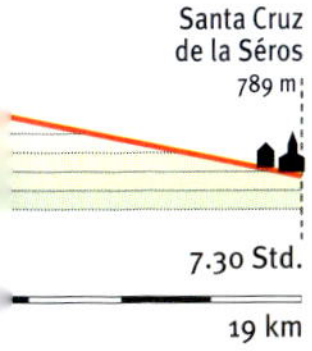

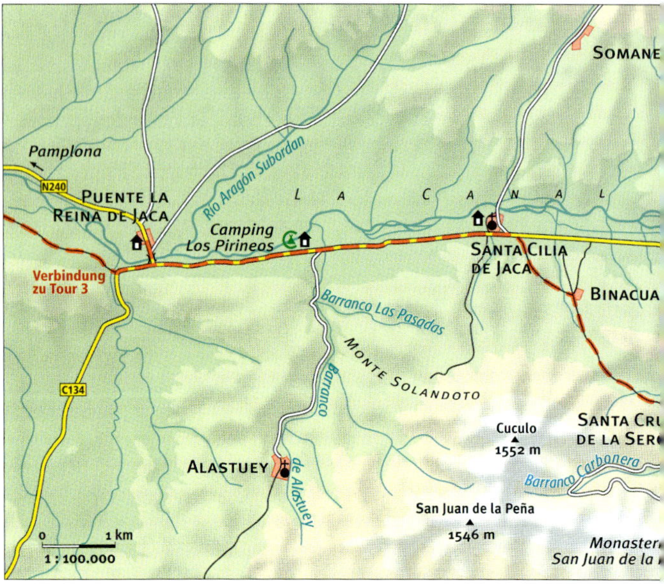

ge Serpentinen abwärts und mündet schließlich auf die Forststraße vor dem Kloster **San Juan de la Peña** (6.10 Std.). Von einem dichten Laubwald umgeben, duckt sich die verschachtelte Anlage des Klosters wie ein Kinderspielzeug unter eine gut 80 m hohe, mächtige Wand aus rötlichbraunem Nagelfluh.

Nach der Besichtigung des Klosters gehen wir zurück zur Kreuzung **Cuatro Caminos** (6.30 Std.). Hier orientieren wir uns kurz nach links auf den Bergsporn zu, über den die Stromleitung läuft, und nehmen dann auf einer Lichtung rechts (links das Hinweisschild »Icona« = Forst- und Landschaftsschutzgebiet) einen steinigen Pfad abwärts, der uns in Schlangenlinien auf eine steile **Rinne** zu leitet (7 Std.).

Obwohl die enge, bei Nässe schwierige Passage (Vorsicht: glatte Steine!) konzentriertes Gehen erfordert, spricht gerade hier die Natur um den alten Mönchssteig alle Sinne an. An die Stelle des bisherigen Misch- und Hochwaldes (Eichen, Buchen, Kiefern, Fichten, seltener auch Tannen, am Waldrand Stechpalmen oder Winden) treten nun niedrigere Pflanzengesellschaften: vorherrschend Buchsbaum, aber auch Ginster, Heckenrose, Baumheide, Ehrenpreis und rosafarbene Hauhechel, wohlriechende Gewürzpflanzen wie Lavendel, Dost, Thymian, Gamander und die gelbe Raute. Zwischen Mai und Juni leuchten blaue Blumen am Wegesrand auf: Pyrenäenveilchen und -akelei, Lein, Drachenkopf, Glockenblumen und viele andere. Am meisten beeindruckt jedoch der etwa Mitte Juni bis Anfang Juli blühende, fast 1 m hohe Prachtsteinbrech, der mit seinem fliederartigen Blütenstand die sonst eher kahlen Felswände in einem lichten Weiß schimmern läßt. Nicht selten steigen Greifvögel über den Felsen

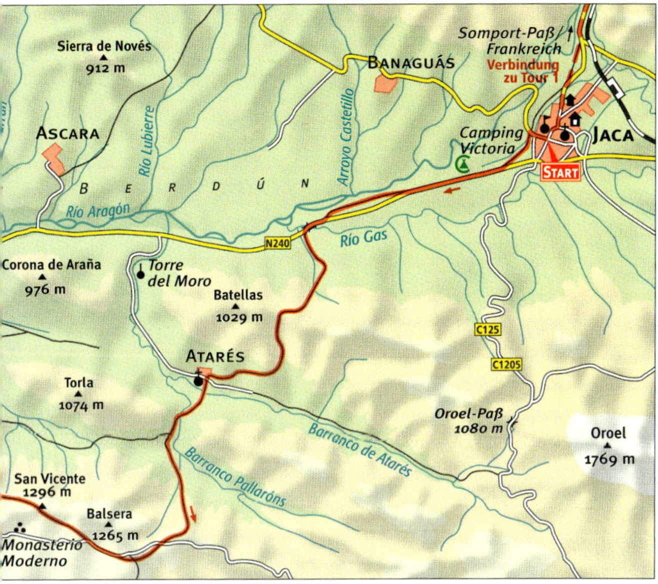

auf: Gänsegeier, Steinadler, Wespenbussarde oder Rotmilane.

Der Steig läuft zuletzt dicht am linken Hang entlang und wird dann durch die Geröllschneise fortgesetzt, die für die Hochspannungsleitung gebahnt wurde. Zwischen drittem und viertem Mast (Markstein M. P. 305) biegen wir nach links ab. Auf einem langen Hügelkamm folgen wir nun wieder dem alten Pfad bis ins Tal. Beim Bach halten wir uns rechts und erreichen kurz darauf unser Ziel, den Ort und das Kloster **Santa Cruz de la Serós** (7.30 Std.).

Das Heiligkreuzkloster der Schwestern wurde im 10. Jh. als Damenstift zur Versorgung lediger Prinzessinnen gegründet. Um 1095 entstand die wuchtige romanische Klosterkirche (kreuzförmiger Grundriß mit einem Schiff und zwei Seitenkapellen; hoher Turm der Südostkapelle; Hauptportal mit Chrismon und Löwenrelief). Im Umkreis der Kirche gibt es noch einige rustikale Bauernhäuser aus Naturstein mit hohen, kegelförmigen Kaminen, wie sie hier einmal typisch waren. Am unteren Ortsende lohnt das schlichte romanische Kirchlein San Caprasio aus dem 12. Jh. einen Besuch.

San Juan de la Peña

Nach der Legende geht die Gründung des Klosters – sie könnte in westgotischer Zeit im 6. oder 7. Jh. erfolgt sein – auf den Adligen Voto zurück. Bei der Jagd oberhalb des späteren Klosters hatte ihn nur eine Erscheinung des hl. Johannes vor einem Sturz in die Tiefe bewahrt. Das erschütternde Erlebnis brachte Voto und seinen Bruder Felix dazu, sich aus der Welt hierher zurückzuziehen. Die alte Klause und die im 10. Jh. errichtete mozarabische Doppelkapelle zerstörte 999 der maurische

Feldherr Almanzor. Knapp 100 Jahre später wurden ihre Mauern in eine weitläufige romanische Klosteranlage einbezogen, die den Herrschern aus Aragón und Navarra als Familiengruft diente. Die bedeutendste Reliquie, der Gralskelch von San Juan, verlockte viele Pilger, einen Abstecher hier hinauf zu unternehmen.

Das eigentliche Kleinod des Klosters ist der romanische Kreuzgang unter dem Felsen. Die Verbindung von Natur und Kunst findet hier vielfältigen Ausdruck: in der ornamentalen Gestaltung der Figuren, ihren übernatürlichen ›Insektenaugen‹, den ausgeprägten konzentrischen Gewandfalten; in der Einbettung der Szenen in Pflanzenranken und in den Tier- und Pflanzenkapitellen; in der Verwendung von rötlichem Sandstein, entsprechend dem Grundton des alles beherrschenden Felsens *(peña)*, aber auch in der Regelmäßigkeit des steinernen Schachbrettfrieses vor dem lichten Grün der Laubbäume. Zwei verschiedene Meister des 12. und 13. Jh. haben am Kreuzgang gearbeitet. Vom älteren stammen die erhaltenen Figurenkapitelle mit der Bildfolge des Sündenfalls, Kains und Abels, der Verkündigung, des wunderbaren Fischfangs und der Christuspassion.

ZWISCHENETAPPE

Santa Cruz de la Serós–Puente la Reina de Jaca

Dauer: 3 Std.

Länge: 10 km

Charakter: mittelschwer; kein Schatten und Wetterschutz; Landwirtschaftswege, Autostraße mit Parallelweg

Markierung: weiß-rot und gelb

Wanderkarte: S. G. d. E., Nr. 175 u. 176

Einkehrmöglichkeiten: Santa Cilia, Camping los Pireneos

Unterkunft: Santa Cilia: Gemeinde-Pilgerhaus mit Schlafgelegenheit auf dem Fußboden (März–Okt.; in der Bar oder im Rathaus fragen). Camping Los Pireneos, ✆ 974-37 73 51, bei km 34/35 an der N. 240 (1. Apr.–30. Sept.). **Puente la Reina de Jaca:** Hotel Anaya, ✆ 974-37 74 11

Von der Kirche in Santa Cruz de la Serós auf der Hauptstraße an der Kapelle San Caprasio vorbei zum Ort hinaus. – Nach 400 m halblinks (gelbe Markierung) hinauf auf einen Weg zwischen zwei Höhenrücken (20 Min.). – Nach ca. 1 km Auflösung des Weges in mehrere Pfadspuren. – Nun über die Talrinne hinweg zum rechten Hang. Auf breitem Weg ins Dorf Binacua (1 Std.). – Am Ortsende links zum Bach hinab. – Auf dem anderen Ufer im spitzen Winkel vom Bach weg links auf die Höhe zugehen. – Links unterhalb der Höhe vorbei und die Richtung bis zu einem Plateau beibehalten. – Von hier die Felder links umgehen bzw. direkt auf Santa Cilia zu, wenn die Felder brachliegen (1.20 Std.). – Links auf der C. 134 oder markierten Parallelwegen am Camping Los Pireneos (2 Std.) vorbei bis zu einer T-Kreuzung. – Rechts über die Río-Aragón-Brücke nach Puente la Reina de Jaca (3 Std.).

Durch die Auen des Aragón

Von Puente la Reina de Jaca nach Artieda
Am Weg liegen kleine Dörfer und verlassene Ortschaften, einst wichtige Pilgerstationen, in die heute manchmal neues Leben einzieht. Oft sind sie mit wehrhaften Mauern umgeben, weil sie früher das fruchtbare Land entlang des Río Aragón zu schützen hatten.

DIE WANDERUNG IN KÜRZE

++ Anspruch

5 Std. Gehzeit

19 km Länge

Charakter: mittelschwer; lange schattenlose Passagen, kaum Unterstellmöglichkeiten; zumeist asphaltierte Landwirtschaftswege und Erdpisten

Markierung: weiß-rote und gelbe Zeichen

Ausrüstung: Tagesproviant, ausreichend Wasser

Wanderkarten: S. G. d. E., G. R. 65.3, 1/2 u. 2/2 bzw. Nr. 175

Einkehrmöglichkeiten: Berdún (ca. 3,5 km abseits des Weges), Artieda

Unterkunft: Berdún (ca. 3,5 km abseits des Weges): Hotel Rincón, ✆ 9 74-37 17 15; Hotel La Canal, ✆ 9 74-37 70 45. **Artieda:** Refugio, ✆ 9 78-43 93 16.

Puente la Reina de Jaca bietet die letzten Bars und Gaststätten vor der langen Wanderung. Über die Aragón-Brücke kehren wir aufs linke Flußufer zurück und gehen ca. 400 m rechts der Straße Richtung Zaragoza nach. Vor der scharfen Linkskurve nehmen wir zunächst halbrechts das Asphaltsträßlein Richtung **Arrés** auf. An der ersten

Berdún

Weggabelung halten wir uns rechts (30 Min.; statt links nach Arrés), 100 m weiter folgen wir der linken Spur. Das Sträßlein senkt sich zur Aragón-Aue. Wir passieren eine alte Mühle rechts des Weges. Bei einer Ansammlung von **Stallungen** verlassen wir der Markierung folgend halbrechts den Weg (1.10 Std.). Wir nähern uns der Flußaue, wandern parallel zum Aragón und durchqueren in stetem Ab- und Aufstieg drei tief eingeschnittene Erosionsrinnen: zunächst den Barranco Saraso, in einer starken Links-Rechts-Wendung den Barranco de la Guarda und schließlich den Barranco del Patral.

Kurz dahinter zweigt unser Weg nach rechts ab (links aufwärts direkt nach Martes). 200 m weiter nimmt er die linke Spur, kreuzt den Barranco del Tobo und tangiert auf ca. 300 m die **Asphaltstraße** zwischen Martes (links 1,7 km) und Berdún (rechts 3,5 km; 2.30 Std.). Rechts von uns ragt der Tafelberg von Berdún wie ein Luftschloß aus dem gelben Horizont in den Himmel. Die Häuser des malerischen Wehrdorfs umschließen in einer für diese Gegend typischen Weise wie ein Festungsring die Kirche.

Unser Weg folgt ca. 300 m der Asphaltstraße Richtung Martes, verläßt sie nach rechts und wendet sich beim nächsten Querweg wieder links der ursprünglichen Richtung zu. Auf einer Traktorpiste geht es an einem Gehöft vorbei durch die tiefen Barrancos de Sobresechos und de Calcones auf eine Hochfläche hinauf. Links oberhalb liegt das Dörfchen **Mianos** (3.40 Std.), das über einen neu angelegten Zuweg oder knapp 1 km dahinter von einem Gehöft aus auf dem älteren Weg erreicht wird. Wir verlassen den Ort auf der asphaltierten Dorfstraße und gelangen nach ca. 3 km an eine Straßenkreuzung unterhalb von **Artieda**, das wir links aufwärts nach einer guten Viertelstunde betreten (5 Std.). Für echte Pilger mit

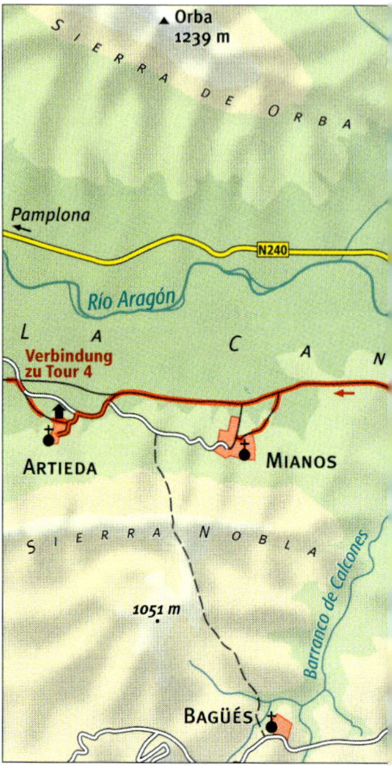

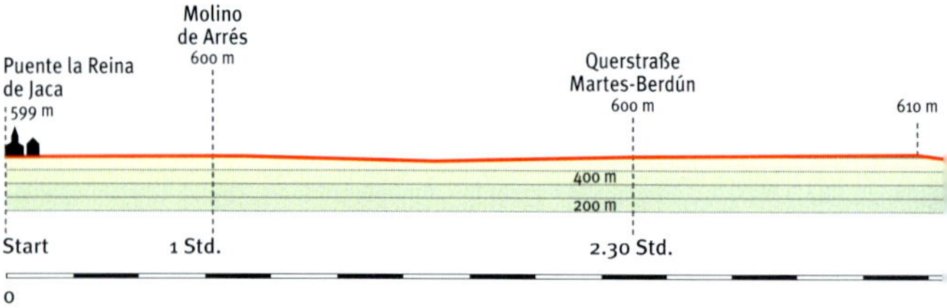

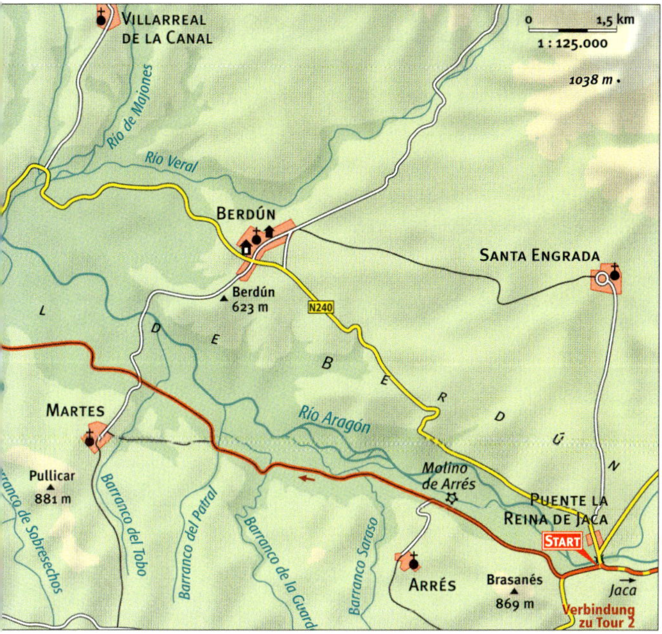

Ausweis *(Credencial)* stehen hier Unterkünfte in einer kleinen Herberge/«Refugio« bereit.

Berdún

Berdún, wehrhaft auf einem Tafelberg gelegen, beherrscht die nach ihm benannte Beckenlandschaft. Noch heute läßt sich in dem 300 Seelen-Dorf seine früher bedeutende Rolle als Markt und befestigte Wegstation an den wappengeschmückten Häusern oder kleinen Palästen ablesen. Zwischen den Pyrenäen und ihren parallelen Sierras Interiores öffnete die Senke von Berdún den Handelsweg nach Westen und erschloß gleichzeitig den Zugang zu den einst blühenden Pyrenäen-/Hochgebirgstälern von Hecho, Ansó und Roncal.

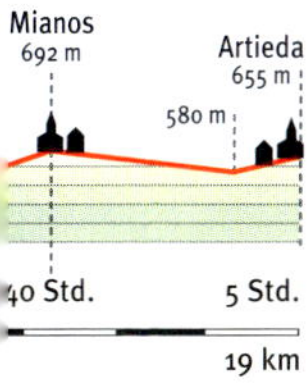

Artieda

Artieda ist mit ca. 100 Einwohnern das größte der 4 Dörfer unserer heutigen Route. Mauerreste und Funde aus der Römerzeit bezeugen eine lange Siedlungstradition, die im Mittelalter durch den Bau einer Burg und eines Talklosters erneuert wurde. Aus dieser Zeit ist außer dem anheimelnden alten Wehrdorfgefüge nur noch die Martinskirche erhalten.

Von Ruinen zur Ewigkeit

Von Artieda über Ruesta zum Kloster San Salvador de Leyre

Die fruchtbare Senke des Aragón verwandelt sich auf dieser Wanderung schon bald in einen tiefblauen See, an dessen Ufer der Weg über weite Strecken entlangführt. Am Ziel lockt ein Besuch des navarrischen Königsklosters San Salvador de Leyre.

DIE WANDERUNG IN KÜRZE

++ Anspruch

10 Std. Gehzeit

26 km Länge

Charakter: mittelschwer; längere Steigung ab Ruesta; Feldwege, Fahrpisten, asphaltierte Nebenstraßen

Markierung: weiß-rote und gelbe Zeichen, hinter Ruesta weiß-gelb

Ausrüstung: Tagesproviant, ausreichend Wasser

Wanderkarten: S. G. d. E., G. R. 65.3 1/2 u. 2/2 bzw. Nr. 175

Einkehrmöglichkeiten: Ruesta, Kloster Leyre

Unterkunft: Ruesta: Refugio, ✆ 9 48-39 80 82; Camping, ✆ 9 14-47 80 00. **Sos del Rey Católico** (ca. 25 km südl. von Ruesta; für Pilger mit eigenem PKW): Parador-Hotel, ✆ 9 48-88 80 11. **Leyre:** Hostal de Leyre, ✆ 9 48-88 41 00 (Reservierung ratsam); auf Anfrage auch im Klosterbereich (mit Pilgerausweis)

Fiesta: Leyre: Tag der Könige Navarras (Ende Juli)

Hinweis: Wer den zeitraubenden Weg zum Kloster Leyre scheut, kann in Ruesta Station machen, um am nächsten Tag den direkten Weg nach Sangüesa zu wählen (s. Wanderung 5).

Am Ortsende von **Artieda** halten wir uns rechts und gehen hinab zur Talstraße. Ein halblinks abzweigender Seitenweg kürzt die Strecke zur schmalen C. 137 ab, die nach knapp 2 km erreicht ist. Die Fahrstraße bildet die landschaftlich sehr abwechslungsreiche Querverbindung von der

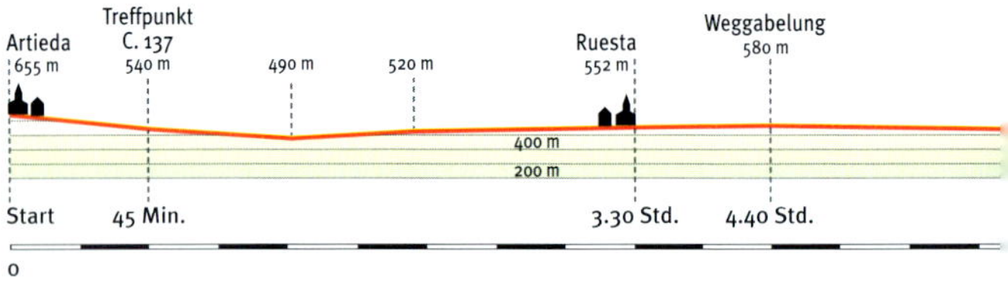

Hauptroute N. 240 zum mittelalterlich geprägten Städtchen Sos del Rey Católico. Dessen Ortsname leitet sich von Ferdinand dem Katholischen ab, der hier 1452 das Licht der Welt erblickte. Nach links folgen wir der C. 137 auf 8km, wobei sich, zuerst nach etwa 3 km, immer wieder kürzere markierte Parallelwege neben der Asphaltstraße anbieten.

Ein solcher Nebenweg passiert rund 2 km vor Ruesta die rechts der C. 137 liegende alte **Ermita de San Juan Bautista,** bevor er in einem großen Linksbogen auf die beeindruckende Silhouette des zerfallenen Wehrdorfes zugeht. Nach 500 m Straße biegen wir rechts ab und gehen an der Kirchenruine von **Ruesta** (3.30 Std.) vorbei zum Dorfplatz. Unterhalb liegt, 300 m weiter, an der gepflasterten Talgasse als eines der wenigen restaurierten Häuser die Herberge, jenseits des Flüßchens Río Regal der Campingplatz.

Von der Flußbrücke ist der Campingplatz in gerader Linie zu überqueren. Wir kommen am Jakobsbrunnen vorbei und steigen dahinter den Hang zur mittelalterlichen **Santiago-Einsiedelei** hinauf (verschlossen, aber mit Schaugitter). Vom Portal geht es jetzt halbrechts zur Zufahrtspiste des Campingplatzes, der wir nun nach links gute 1,5 km folgen. Dann wechseln wir die Richtung scharf rechts aufwärts, auf einen einmündenden Forstweg, der sich nach 1 km teilt (4.40 Std.). Links verläuft die Route G. R. 65.3 nach Sangüesa (s. Tour 5), während sich halbrechts die als PR 10 weiß-gelb gekennzeichnete Variante zum Kloster Leyre orientiert.

Wir bleiben nun etwa 3.30 Std. auf der langgestreckten Forstpiste, die sich von der Höhe allmählich – mit großartigen Ausblicken über den Yesa-Stausee – zur **Staumauer** hinabsenkt. Links davon leitet eine Asphaltstraße ins Tal hinab, dann rechts aufwärts in die Ortschaft **Yesa** (8.40 Std.), wo wir auf die N. 240 treffen.

Wer jetzt noch die Kraft zum Besuch des ca. 4 km entfernten, am Berg gelegenen Kloster Leyre hat, muß nun zunächst der N. 240 Richtung Pamplona folgen. Nach ein paar hundert Metern zweigt rechts die steile Fahrstraße ab, der wir bis zum **Kloster San Salvador de Leyre** folgen (10 Std.). Aussicht und Ambiente entschädigen allemal für den hohen Aufwand.

Ruesta

Die einst zwischen maurischen Fürsten und den Königen von Aragón und Navarra umkämpfte Bergfeste Ruesta kontrollierte zusammen mit dem am anderen Seeufer gelegenen Tiermas die fruchtbare Senke des Río Aragón. Im Mittelalter entwik-

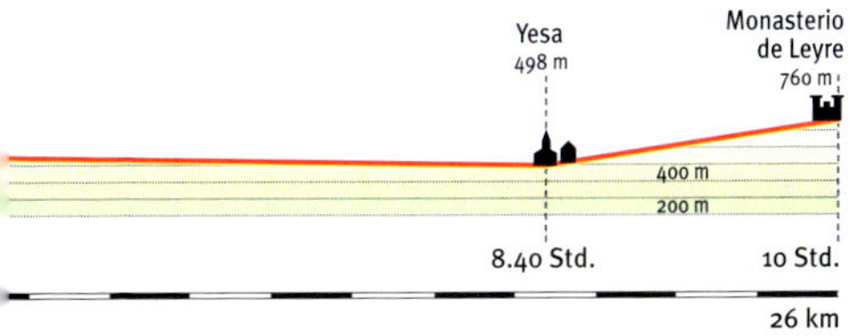

kelte sich der Ort zu einer wichtigen Pilgerstation. Überwucherte Wappen und stattliche Hauskulissen lassen die ruhmreiche Vergangenheit erahnen.

Als Mitte der 60er Jahre der Aragón zum Embalse de Yesa aufgestaut wurde, verloren die Bewohner der umliegenden Dörfer mit den Ackerflächen ihre Existenzgrundlage. Schließlich setzte ein vom Staat finanzierter Exodus ein. Die menschenleeren Dörfer wurden dem Verfall preisgegeben, und binnen weniger Jahrzehnte versiegelte die Natur die verwunschenen Ruinen mit Dornröschenhecken. Jetzt möchte eine staatlich geförderte Arbeitsgemeinschaft für ländlichen Tourismus Ruesta wieder herrichten. Nach einer umstrittenen Aufstockung der Staumauer um 34 m läge der Ort viel näher an der Talsperre.

San Salvador de Leyre

Das Kloster San Salvador de Leyre existierte bereits im 9. Jh., könnte jedoch eine ältere baskische oder fränkische Gründung sein. Während der häufigen Überfälle der Mauren auf Pamplona wurde es bis Ende des 10. Jh. immer wieder von Bischöfen, aber auch von navarrischen Herrschern als sichere Zuflucht und Residenz genutzt. So bestatteten die Mönche die ersten Könige hier im Pantheon, und das Kloster erhielt umfangreiche Stiftungen. Nach der letzten Zerstörung durch Araber ließ Sancho Mayor den Bau planen, der noch heute in der Krypta und dem ihr entsprechenden Teil der Oberkirche zu erkennen ist (1057 bzw. 1098 geweiht). Später übernahmen Zisterzienser die Stätte und erweiterten sie durch gotische Bauelemente. Das 1834 aufgelöste Kloster wurde Ende des 19. Jh. unter Denkmalschutz

gestellt. Französische Benediktiner ließen sich 1954 hier nieder und kümmerten sich um die Restaurierung.

Als Konstruktionen des 11. Jh. interessieren vor allem der Altarraum der Oberkirche und die unmittelbar darunter gelegene Krypta, die einstige Königsgruft. Mit ihren gedrungenen Bogenstellungen und archaisch wirkenden Kapitellen, deren Schwere die kurzen Säulenstümpfe in den Boden zu drücken scheint, ist sie ein Beispiel zeitloser Baukunst. An der Oberkirche lohnen besonders das Westportal (12. Jh.) mit überreichem Figurenschmuck, der hölzerne Schrein der navarrischen Könige und die frühromanischen Apsiden die eingehende Betrachtung. Wer darüber hinaus Gelegenheit und Muße hat, dem Chorgebet der Mönche beizuwohnen, dem wird sich aus dieser friedlichen Grundstimmung leichter die denkwürdige Geschichte des Abtes Virila erschließen, dessen Statue in einem halbdunklen Tunnel neben der Krypta gezeigt wird.

In einem Nebenflügel des Klosters gibt es ein gepflegtes, ruhiges Hotel mit Restaurant und Bar. Nur an Wochenenden oder Feiertagen ist es hier etwas belebter – vor allem aber, wenn Leyre am letzten Sonntag im Juli den ›Tag der Könige Navarras‹ feiert.

ZWISCHENETAPPE

San Salvador de Leyre–Sangüesa

Dauer: 4.30 Std.

Länge: 16 km

Charakter: einfach; je zur Hälfte Asphaltstraße und Feldwege

Markierung: G. R. 13, weiß-rot

Wanderkarte: S. G. d. E., Nr. 175

Einkehrmöglichkeiten: Javier, Sangüesa

Unterkunft: Javier: Hotel Xavier, ✆ 9 48-88 40 06; Mesón, ✆ 9 48-88 40 35. **Sangüesa:** Refugio, C. E. Labrit/Caballeros, ✆ 9 48-87 00 42; Hotels und Pensionen.

Vom Kloster Leyre hinunter nach Yesa (1.20 Std.). – Am Ortsende rechts ab. Auf einer Nebenstraße nach Javier (2.30 Std.) mit seiner Trutzburg. – Auf der Straße etwa 500 m zurück in Richtung Yesa. In der scharfen Rechtskurve nach links auf den Fernwanderweg G. R. 13 ›Camino Real de los Roncaleses‹. – Auf dem G. R. 13 ohne Straßenkontakt bis ca. 400 m vor Sangüesa (4.30 Std.).

Tour 5

Buschwälder und einsame Höhen

Von Ruesta nach Sangüesa

Die Wanderung führt durch dünn besiedeltes Land in den Südostzipfel Navarras. Die Burgen und Wehrkirchen in dieser Gegend erzählen von jenen kriegerischen Tagen, als die navarrischen Könige ihr Reich verteidigten.

DIE WANDERUNG IN KÜRZE

++ Anspruch

7.30 Std. Gehzeit

21 km Länge

Charakter: mittelschwer; Wege und Forstpisten; ein steiler Anstieg

Markierung: weiß-rote und z. T. gelbe Zeichen, etwas spärlich und nicht immer eindeutig.

Ausrüstung: Tagesproviant

Wanderkarten: S. G. d. E., Nr. 174 u. 175

Einkehrmöglichkeiten: Undúes (vorher anrufen: ✆ 948-88 82 20), Javier (ca. 3 km abseits des Weges), Sangüesa

Unterkunft: Undúes: Refugio, ✆ 9 48-88 81 05. **Sangüesa:** Refugio, C. E. Labrit/ Caballeros, ✆ 9 48-87 00 42;Hotels und Pensionen

Information: Sangüesa: Oficina de Turismo, am Markt, ✆ 9 48-88 41 00

Fiesta: Sangüesa: San Sebastián mit Stierkampf (11.–17. Sept.)

Von der **Dorfkirche Santa María** (16. Jh.) in **Ruesta** steigen wir den alten gepflasterten Weg zum Flüßchen Regal hinab. Über die moderne Brücke zieht sich der Weg geradeaus am Campingplatz vorbei auf die von einem steinernen Rundbogen eingefaßte Santiago-Quelle zu. Dahinter schlängelt sich ein steiler Trampelpfad zur **Einsiedelkirche Santiago,** einst ein Kloster mit Pilgerherberge, hinauf und strebt halbrechts gegenüber dem Portal der neuen Fahrpiste zu. Dieser folgen wir ca. 1,5 km aufwärts durch ein neu aufgeforstetes Gebiet, verlassen sie dann im spitzen Winkel rechts auf einem breiten Forstweg. Nach rund 1 km erreichen wir eine Gabelung (1 Std.). Geradeaus bzw. halbrechts führt der Wanderweg PR 10 über Yesa zum Kloster Leyre (s. Wanderung 4). Wir halten uns aber links (G. R. 65,3) und steigen durch eine Kiefernpflanzung, einem neuen Forstweg folgend, die nächsten 4 km stets in südwestlicher Richtung auf die Höhe von 860 m an. Hier wendet sich unser Weg zunächst nach links (2.30 Std.), kurz darauf nach rechts abwärts. Nach weiteren 30 Minuten wird das einsam gelegene Dorf Undués de Lerda sichtbar. Auf einem schwer erkennbaren Nebenweg wandern wir durchs Tal des

Luftaufnahme des Pilgerweges in der Provinz Navarra

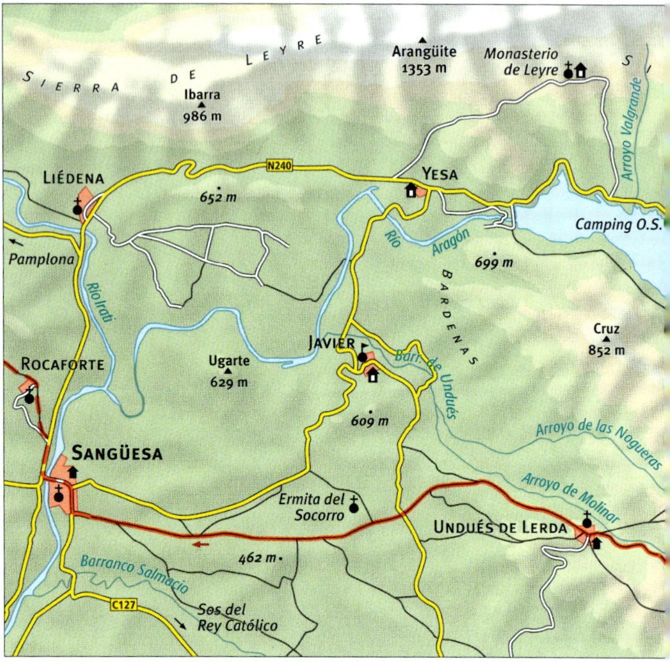

Mühlenbachs (Arroyo de Molinar) – einige Wegabschnitte sollen aus der Römerzeit stammen – hinauf nach **Undués** (3.30 Std.), wo es Verpflegung und Unterkunft gibt.

Die Markierung leitet uns am unteren nördlichen Saum des Ortes vorbei zum Hauptwanderweg (4.15 Std.). Wir bleiben am linken Talhang. Nach ca. 1,5 km verlassen wir den Hauptweg halblinks und passieren nach 800 m den **Grenzstein Navarras.** Kurz darauf quert die Landstraße Sos–Yesa unseren Weg (5.15 Std.). Sie führt rechts zur ca. 3 km entfernten Trutzburg von Javier, Geburts- und Gedenkstätte des baskischen Jesuiten und China-Missionars Francisco de Javier (Franz Xaver, 1506–52). Alljährlich am ersten Märzsonntag ist sie Ziel einer Fußwallfahrt der männlichen Jugend Navarras.

Auf einer Anhöhe rechts oberhalb des Weges liegt die Ermita del Socorro. Schwächer markiert, aber

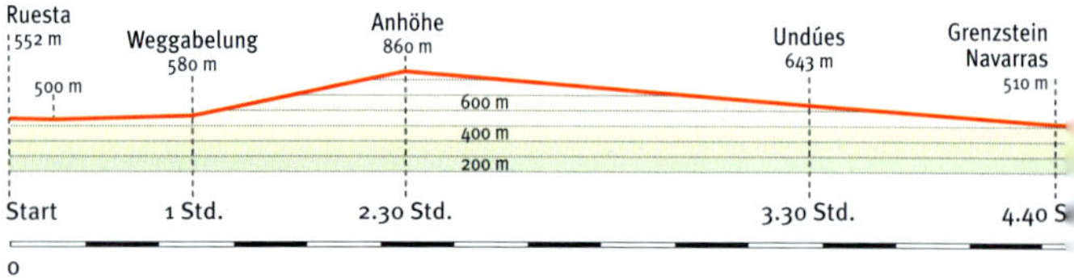

fast genau in Westrichtung führt uns eine Traktorpiste über 4 km hinab zu den Aragón-Auen. Parallel zur Straße läuft links ein steiler Weg auf die vieltürmige Silhouette unseres mittelalterlich anmutenden Zielortes zu. Von den südlichen Stadtbezirken (7 Std.) ziehen wir rechts auf der C. 127 zum alten Stadtkern von **Sangüesa,** der zwischen der Franziskanerkirche und dem Musikpavillon beginnt (7.30 Std.).

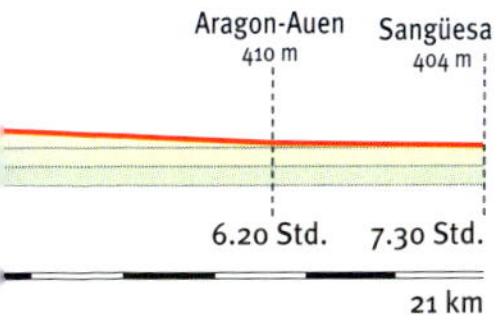

Sangüesa

Der Marktflecken Sangüesa wurde Anfang des 12. Jh. als Brückenkopf über den Aragón nahe der älteren befestigten Siedlung Rocaforte angelegt. Alfons I., der Gründer Sangüesas, förderte mit Schutz- und Sonderrechten (Fueros) die Zuwanderung fremder Kaufleute und Handwerker. Trotz ständiger Fehden zwischen Basken und Einwanderern entwickelte sich die Frankensiedlung Sangüesa rasch zu einer wohlhabenden Kleinstadt mit Königsburg, wappengeschmückten Häusern und Adelspalästen. Befestigte Kirchtürme dienten den Bewohnern der verschiedenen Viertel während interner Kämpfe als Zuflucht. Gute Beispiele dafür bieten die Wehrkirchen Santiago (12./13. Jh., mit Jakobsstatue am Portal) und San Salvador (Vorhalle mit gotischem Figurenschmuck; fünfeckiger Turm).

Die frühere königliche Palastkirche Santa María la Real steht unmittelbar neben der Brücke. Hier huldigten die Pilger dem gotischen Gnadenbild der Jungfrau von Rocamadour und bestaunten die steinerne Bilderwand des romanischen Südportals (Figuren mit ›Insektenaugen‹, aber auch schon langgestreckte Säulenheilige mit Anklängen an die frühe Gotik in Chartres).

In den engen, rechtwinklig angelegten Altstadtgassen heben sich die weit vorkragenden Fassaden der Adelspalais deutlich von Bürgerhäusern ab. Sehenswert sind da besonders der barocke Palacio de Vallesantoro mit skurrilen Dachsparrenfiguren (zwischen Calle Mayor und San Salvador gelegen) und der Königspalast beim Rathaus.

Eine alte Pilgerstation

Von Sangüesa nach Monreal

Hat man einmal das weite Tal des Río Aragón hinter sich gelassen, darf man durch Weinäcker und waldiges Bergland den Spuren des Heiligen Franz von Assisi folgen.

DIE WANDERUNG IN KÜRZE

++ Anspruch

8 Std. Gehzeit

25 km Länge

Charakter: mittelschwer; kurze Straßenpassagen, überwiegend Feldwege

Markierung: weiß-rote und gelbe Zeichen

Ausrüstung: Tagesproviant

Wanderkarten: S. G. d. E., Nr. 174 u. 141

Einkehrmöglichkeiten: Rocaforte, Salinas, Monreal

Unterkunft: in Izco Refugio ✆ 9 48-36 21 29 und Hotel Unzue, ✆ 9 48-36 20 08; Refugio in Monreal.

In **Sangüesa** gehen wir von der Kirche **San Francisco** über die Calle Mayor quer durch den Ort bis zur sehenswerten Kirche **Santa Maria la Real.** Wir überqueren den Fluß und folgen der Straße für ca. 600 m nach rechts. Noch vor der Papierfabrik biegt links das Sträßlein nach Rocaforte ab, das wir nach wenigen Metern verlassen, um rechts einen ansteigenden Weg einzuschlagen. Dieser führt uns an der rechten Ortsrand von **Rocaforte** (30 Min.), das bis zur Gründung von Sangüesa (um 1100) ein wichtige Rolle als befestigtes Dorf spielte. Nach kurzem Durchstreifen seiner malerischen Gassen orientieren wir uns rechts auf markiertem Weg zum Ortsausgang hin.

Ein kurzer, steiler Abstieg läuft in eine hügelige Senke aus. Hier befinden sich die Quelle und der Ruhestein des hl. Franz von Assisi, der sich nach einer örtlichen Legende als Jakobspilger hier aufgehalten und sogar sein erstes Kloster auf spanischem Boden, San Bartolomé, gegründet haben soll.

Der Weg zieht jetzt geradlinig, aber leicht ansteigend durch ein Längstal mit Äckern und Weinfeldern, vorbei an zwei einzelnen **Gehöften** (1.30 Std.). An einer flacheren Wegstrecke kreuzt er eine *Cañada*, einer der alten Viehtriftwege, auf denen jahrhundertelang riesige Schafherden von den Pyrenäen zu ihren Winterweiden im Süden Spaniens getrieben wurden. Weiter geht es aufwärts, der Rinne des **Barranco de Santa Cilia** fol-

Etwas abseits des Weges, aber stets einen Ausflug wert: Die Puente de Diablo am Rio Irati

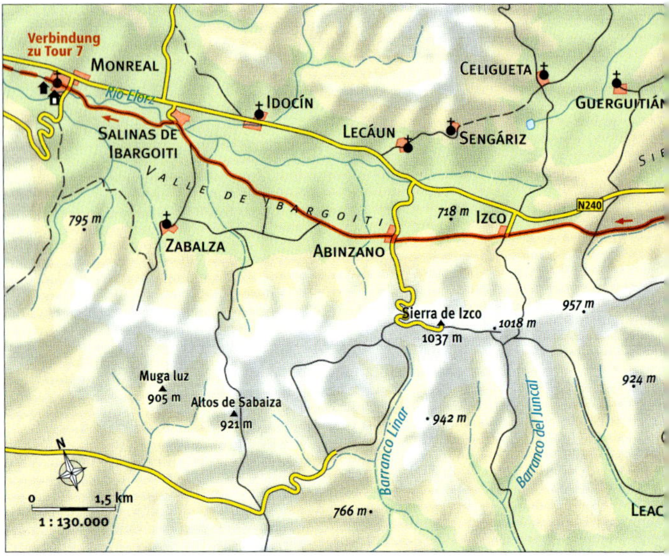

gend, an den spärlichen Resten eines aufgegebenen Dorfes gleichen Namens vorbei. Rechts von uns erhebt sich die Anhöhe **Alto de Aibar** (767 m), die wir nun in einem Bogen nach rechts umgehen, wobei wir an eine **Fahrstraße** kommen, die aufwärts zu queren ist (2.45 Std.; Informationsschild = *Panel Informativo* zum weiteren Verlauf des Camino de Santiago: Eine Variante folgt jenseits der Fahrstraße halblinks einer Piste über das waldige Bergland Sierra de Izco hinweg und weiter als Pfad hinab nach Izco).

Anfangs noch dicht an der Straße zieht der Pfad langsam nach links weg. Die Markierung leitet uns kurz links auf einen Feldweg, schwenkt aber schon in der nächsten Kurve halbrechts in eine alte Wegspur, die rasch abwärts führt und nach Tangieren eines weiteren Feldweges halbrechts talwärts strebt. Nach 20 Minuten stoßen wir im Tal auf die breite Wegpiste von Nardués, einem Weiler, der ca. 500 m entfernt schon jenseits der großen Fernstraße N. 240 liegt.

Dieser leicht ansteigenden Piste (3.30 Std.) folgen wir nur kurz halbrechts, doch in der nächsten Kurve schlagen wir den Weg links ein. Im-

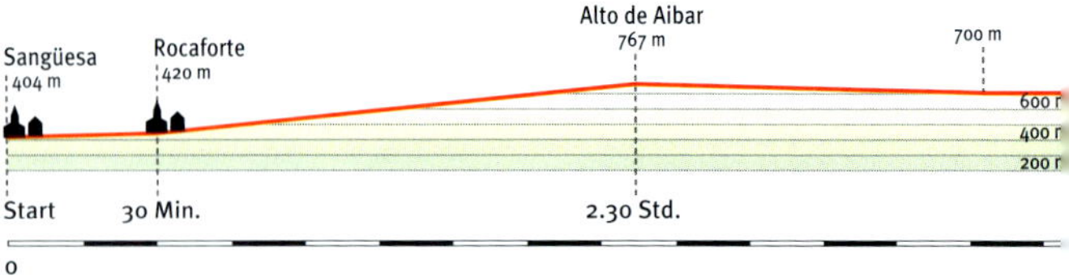

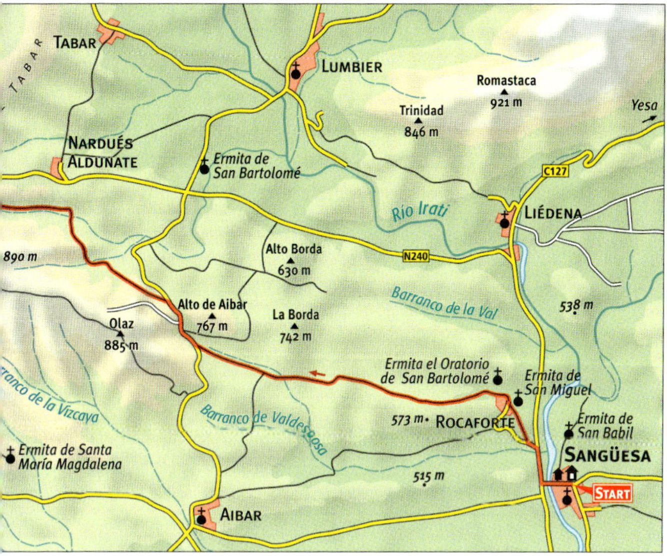

mer dicht neben der Talrinne geht es nun zunächst wieder aufwärts. Wir passieren mittels zweier **Gatter** ein Gehöft mit Rinderweide (Achtung! Gatter wie – vorgefunden – offen lassen oder schließen!) und gehen auf breitem Weg kurz rechts, dann wieder links auf das Taldorf Izco zu. Es geht in gerader Linie durch **Izco** (5.20 Std.) hindurch, dann auf einem breiten Feldweg langsam Richtung **Abínzano** (6 Std.) hinab. Im Ort biegen wir bei der Kirche die Straße nach rechts ab, nehmen aber kurz darauf links auf einem bequemen breiten Abwärtsweg die alte Hauptrichtung nach **Salinas de Ibargoiti** (7.30) wieder auf, nahe der verkehrsreichen N.240.

Der Ort bleibt rechts von uns, wobei der Weg links vor einer hohen Frontonwand (für das baskische Pelotaspiel rechtwinklig angeordnete Wände) weiter geht. Kaum 200 m parallel zur Autostraße und links vom Bachbett des Elorz folgen wir ihm bis zum Zielort **Monreal** (8 Std.) mit seiner uralten Bogenbrücke. Die alte Pilgerstation, selbst nur 556 m hoch am Südosthang eines bewaldeten runden Hügels gelagert, wird von dem markanten Monte Higa um 700 m überragt.

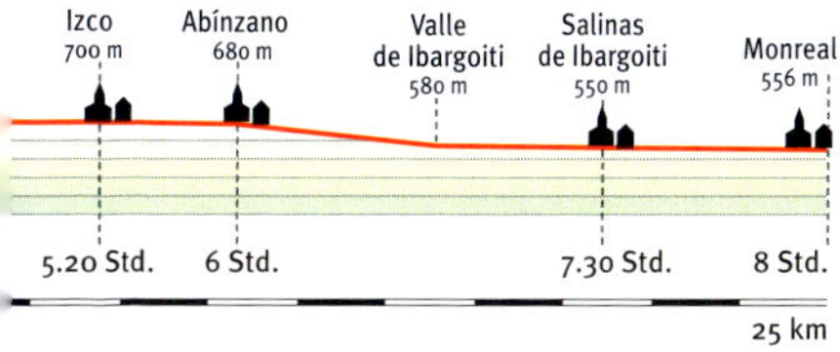

Wo sich alle Wege treffen

Von Monreal über Eunate nach Puente la Reina

Sie ist fast das bekannteste Symbol des Jakobsweges; jahrhundertelang zogen die Pilger über sie hinweg und schließlich gab sie dem Ort seinen Namen: jene Brücke aus dem 11. Jh., im Auftrag einer Königin erbaut, um den Pilgern den Weg über den Fluß zu erleichtern.

DIE WANDERUNG IN KÜRZE

++ Anspruch

8 Std. Gehzeit

28 km Länge

Charakter: mittelschwer; überwiegend Feldwege, ca. 2 km Straßenpassagen

Markierung: weiß-rote und gelbe Zeichen

Ausrüstung: Tagesproviant

Wanderkarten: S. G. d. E., G. R. 65.3 18/19; S. G. d. E., Nr. 141 u. 142

Einkehrmöglichkeiten: Tiebas, Muruarte, Olcoz, Enériz, Obanos

Unterkunft: Tiebas: Refugio, ✆ 9 48-36 20 22. **Campanas,** Hostal Iranzu, ✆ 9 48-36 02 68. **Obanos:** Hospedería Arnotegui, ✆ 9 48-34 01 53/ 34 42 08 (Saisonbetrieb, Reservierung ratsam). **Puente la Reina:** Refugio, ✆ 9 48 34 00 50; ** Mesón del Peregrino, ✆ 9 48-34 00 75; ** Hotel Jakue, ✆ 9 48-34 10 17; Camping El Molino ✆ 9 48-34 06 04 (in Mendigorría, ca. 5 km Richtung Tafalla)

Information: Puente la Reina: Rathaus, Plaza de Mena 1, ✆ 9 48-34 00 07

Fiestas: Puente la Reina: Jakobstag (25. Juli); Kosmas und Damian (29. Sept.)

An der **Kirche** von **Monreal** vorbei leitet die Calle del Burgo hinaus auf den Ausfallweg Camino de Los Carros. Wir nutzen nun – immer der Markierung nach – neu angelegte Feldwege, erst noch parallel zur N. 240, dann hinter dem Steinkreuz von San Blas noch ein paar hundert Meter am Elorz-Bach entlang. In mehreren Windungen – bei Hauptrichtung links bzw. westwärts – umgehen wir Äcker und Felder und biegen leicht aufwärts um die Flanke des Monte Higa auf den Weiler **Yarnoz** (1.15 Std.)

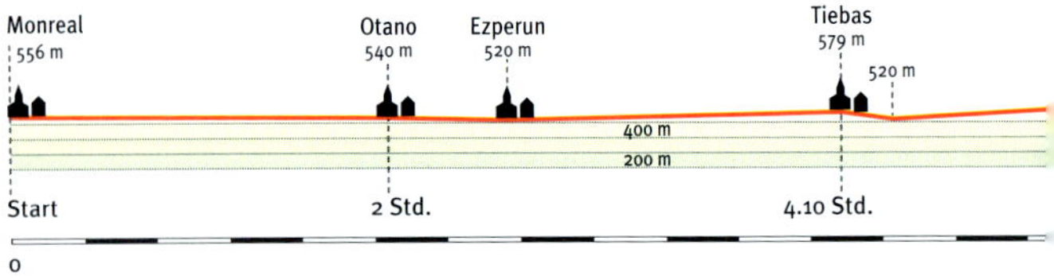

zu. Am Friedhof vorbei gelangen wir nach Otano. Dicht oberhalb der Dorfstraße und der Häuser von Ezperun passieren wir immer wieder Zuwege, die links auf die z. T. schon aufgegebenen Steinbrüche der Sierra de Alaiz führen. Wir erreichen **Guerendiáin** (3 Std.), das wir am linken oberen Ortsrand verlassen.

Zwischen Berghang und Ackergrenze orientieren wir uns auf die Burgruine von **Tiebas** (4.10) zu, einem Königsdorf, das immer noch gelassen oberhalb der nahen Verkehrsschneise Pamplona-Zaragoza thront. Hier bieten sich zwischen Campanas und Eneriz zwei gleichwertige Routen nach Überwindung von Auto- und Bahnwegen an, um die Beschaulichkeit der kleinen Ortschaften zurückzugewinnen.

Variante 1: Auf der alten Dorfstraße geht es nach Campanas, dem verkehrsumtosten Ort am Ausgang des fruchtbaren Beckens von Pamplona. Die quer verlaufende Autobahn sowie die Schnellstraße lassen wir hinter uns und gehen links bis zum Abzweig, der rechts zur Estación de F.F., dem **Bahnhof** von **Campanas** führt. Jenseits vom Bahnkörper halten wir uns kurz links und biegen dann hinter der Industrieanlage rechts auf eine kleine Ausfallstraße, die als Feldweg *Camino de Biurrun* in das gleichnamige Dorf führt (5.20 Std.). **Biurrun** durchqueren wir nach links und nehmen die zweite Ausfallstraße links, von der wir uns kurz

Die alte Pilgerstation Monreal

darauf rechts auf einen Feldweg *(Camino de Ucar)* begeben. In einem weiten Bogen windet sich der Weg abwärts nach links (südwestl. Richtung), um am Ortsende von **Ucar** wieder in westliche Richtung (halbrechts) auf **Eneriz** zuzuführen. Hier überqueren wir die Autostraße mitten im Ort und folgen ihr und dem Flüßchen Robo nach rechts, wo die 2. Wegvariante von links dazukommt. (6.50 Std.).

Variante 2: Tiebas wird auf der Landstraße Richtung Campanas verlassen. Wir bleiben aber zunächst links der Autobahn. Bei der 1. Gabelung geht es links weg und gleich wieder rechts für rund 2 km parallel zur Autobahn. Nach ihrer Unterführung wird auch die Schnellstraße N.121 überquert, von der sich unser Weg halbrechts entfernt. 300 m weiter

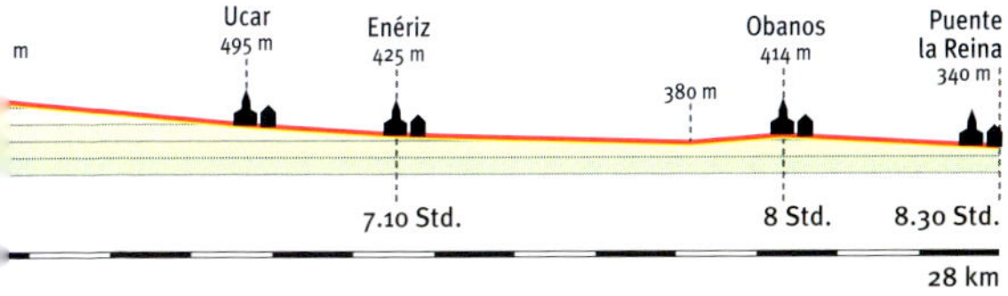

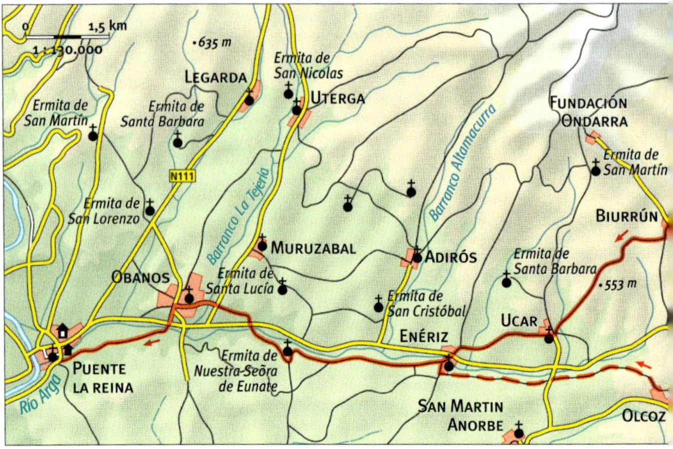

kreuzen wir die Bahnlinie und gehen auf den nahen Ort **Muruarte** zu (5.30 Std.). Strikt nach Westen zieht der Weg durch die Felder auf Olloz zu, das wir – im wahrsten Sinne des Wortes – links liegen lassen, ohne den rechts abzweigenden Weg zu beachten. An der folgenden Gabelung wendet sich unser Weg halb links und überquert das Flüßchen **Robo** und eine Straße (6.30) nach links. Bis **Eneriz** (7.10 Std.) folgen wir dem Verlauf der Robo und stoßen dort auf die Route 1.

Immer links vom Fluß und unweit der Autostraße erreichen wir bald die einsam gelegene Kirche **Eunate,** deren ursprüngliche Gestalt und Funktion noch immer nicht ganz geklärt sind. Handelte es sich um eine Einsiedelei, um ein Kloster? Spuren von Nebengebäuden konnten nicht festgestellt werden, aber aufgrund der vielen Gräber mit Muschelbeigaben scheint Eunate Totenkirche eines Pilgerfriedhofs gewesen zu sein. Als Stifter käme am ehesten der Orden vom Heiligen Grabe, vielleicht die Johanniter in Frage. Für die Templer spräche die von ihnen bevorzugte Form des Zentralbaus nach dem Vorbild von Grabeskirche und Felsendom in Jerusalem. Der vermutlich baskische Name Eunate wird als Platz ›der hundert Tore‹ gedeutet.

Etwa 1 km halten wir noch die Wegrichtung, dann werden Fluß und Straße nach rechts überquert, und in einem weiten Bogen nach links geht es hinauf in das noble alte Dorf **Obanos** (8 Std.).

Rechts etwas außerhalb des Ortes liegt bei der Ermita de San Salvador die historische Weggabelung, wo sich die Pilgerwege vom Ciza-Paß und vom Somport-Paß vereinen. Für den motorisierten Wallfahrer erinnert eine moderne Pilgerstatue an der Einmündung von der Straße von Eunate in die N. 111 kurz vor Puente la Reina an die Vereinigung der zwei Pilgerrouten. Über einen kurzen, steilen Zubringer zur unten sichtbaren querverlaufenden Autostraße gehen wir abwärts und folgen auf der gegenüberliegenden Straßenseite scharf rechts dem markierten Weg, der uns auf die Türme des Städtchens **Puente la Reina** (8 Std. bzw. 8.30 Std.) lenkt.

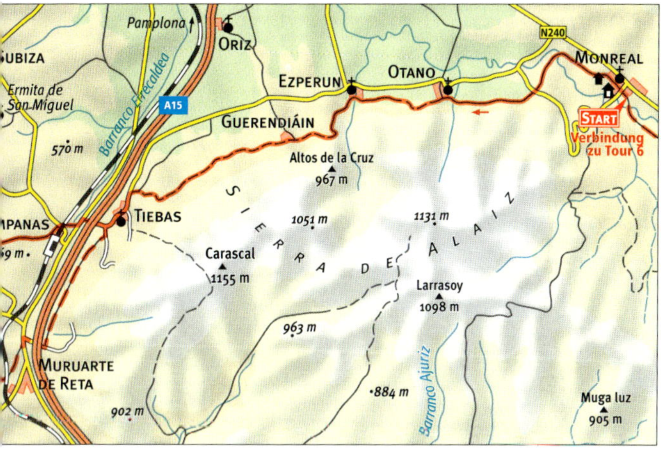

Wir erreichen den Ort bei der ehemaligen Templerkirche Iglesia del Crucifijo (13./14. Jh.) mit einem reich dekorierten romanischen Portal und einem berühmten gotischen Kreuz in Y-Form (7 Std.). Die Hauptkirche Santiago (12.–16. Jh.) mit einem für Navarra typischen romanischen Zackenbogenportal besitzt eine erhabene Statue Santiagos als Pilger (14. Jh.).

Puente la Reina

Name und Aufstieg verdankt Puente la Reina einer navarrischen Königin, wahrscheinlich der Frau Sancho Mayors, die im 11. Jh. für die Pilger eine feste Brücke über den Arga bauen ließ. Flußfurten bedeuteten oft lange Umwege, und Fährdienste waren teuer. So lenkte die neue Brücke die Pilgerströme hier vorbei und förderte die Entstehung eines städtischen Gemeinwesens, in dem sich viele Franken ansiedelten. Entlang der Hauptachse Rúa Mayor wuchs ein ummauertes Geviert mit Kirchen, Hospizen und wappengeschmückten Adelshäusern. Die Brücke der Königin hat die Jahrhunderte überstanden, ist aber kürzlich ausgebessert worden. Mit ihren sechs zur Mitte ansteigenden Bögen, den mit Wellenbrechern versehenen Strompfeilern und den Entlastungsöffnungen bleibt sie in Einklang mit der Landschaft und der Häuserzeile der Rúa Mayor.

Noch bis Mitte des 19. Jh. besaß die alte Brücke auf der Scheitelhöhe einen Torbogen, in dem ein Gnadenbild der hl. Jungfrau verehrt wurde. Zwischen den Jahren 1825 und 1843 beobachteten die Bewohner, wie ein kleiner Vogel (auf baskisch *txori*) in regelmäßigen Abständen seine Flügel im Fluß netzte und zum Marienbild flog, als ob er es putzen wollte. Als Navarra während des zweiten Karlistenkriegs besetzt war, sahen die Einheimischen im *Txori* einen himmlischen Boten und Trostspender. Um dem »Aberglauben« ein Ende zu bereiten, ließ der feindliche Kommandant den Turm einfach abreißen. Kurz darauf starb er eines unnatürlichen Todes. Der Txori aber war längst durch zahllose *Jotas* (volkstümliche Lieder) unsterblich geworden.

Römerwege und Rolandssage

Über die Pyrenäen von St-Jean-Pied-de-Port nach Roncesvalles
Vom betriebsamen Talort St-Jean geht es an Weilern und Bauernhöfen vorbei zu den steilen Hochweiden um den Cisa-Paß. An klaren Tagen wird der anstrengende Aufstieg durch ein großartiges Bergpanorama belohnt.

DIE WANDERUNG IN KÜRZE

+++ Anspruch

7.30 Std. Gehzeit

24 km Länge

1300 m Anstieg

Charakter: anstrengend wegen des steilen Anstiegs; weitgehend ohne Unterstellmöglichkeit; Wege zur Hälfte asphaltiert, sonst Forstwege, zuletzt verwilderter Waldweg

Markierung: weiß-rote und gelbe Zeichen

Ausrüstung: Tagesproviant, ausreichend Wasser (ca. 3 l)

Wanderkarte: S. G. d. E., Nr. 91

Einkehrmöglichkeiten: nur am Ziel.

Anfahrt: von Bayonne mit dem Zug nach St-Jean-Pied-de-Port (tägl. ca. 3 mal)

Unterkunft: Roncesvalles: Refugio im Kloster; Hotel Posada, ✆ 948-76 02 25; Hostal Casa Sabina, ✆ 948-76 00 12

Information: Roncesvalles: Oficina de Turismo, ✆ 948-76 01 93 (hinter der Casa Sabina in ehemaliger Mühle)

Fiestas: Roncesvalles: Kreuzprozessionen aus den umliegenden Dörfern (alle So im Mai); grenzüberschreitende Wallfahrt von St-Jean zum Gnadenbild der Muttergottes von Roncesvalles (8. Sept.)

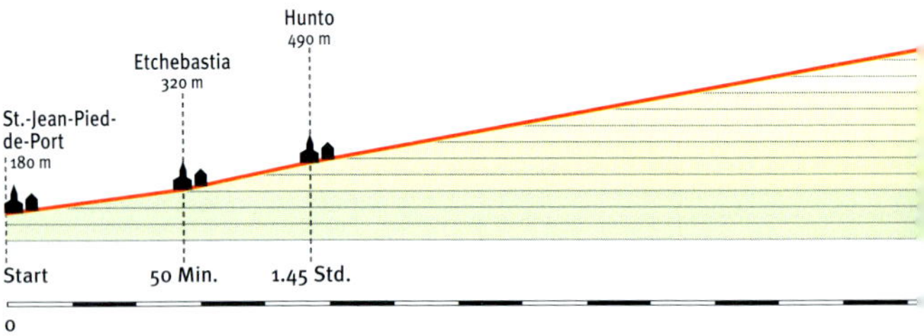

Bei der Ruine der **Porte d'Espagne** am südöstlichen Ende von **St-Jean-Pied-de-Port** verlassen wir den Ort auf der Straße Richtung St-Michel-le-Vieux. Die zweite Straße nach rechts oben ist der Chemin de St-Jacques, offiziell Rue Mariscal Herispé. Nach ca. 50 Min. passieren wir den Weiler **Etchebastia** und die uralte St. Ludwigskastanie. Hinter den letzten Häusern von **Hunto** (1.45 Std.) kürzen wir in der steilen Rechtskurve die Straße geradeaus auf einem Weideweg ab, der in engen Serpentinen aufwärts führt.

Wieder auf der Hauptstraße durchqueren wir nun in weniger steilem Anstieg ein kahles Hochland, aus dem einzelne Felskegel herausragen. Hier oben weiden Rinder- und Schafherden sowie die stämmigen Pyrenäenpferde. Bis in den Hochsommer gibt es Blumenwiesen wie bei uns in den Alpen.

Nach ca. 3.15 Std. trifft links neben einer Marienstatue der ältere Pilgerzubringer von St-Michel-le-Vieux auf unseren Weg. Die Straße zieht rechts aufwärts und passiert den asphaltierten Abzweig rechts nach Arnegi und einige Zuwege zu Almstationen. Da, wo sich nach dem Schild Nr. 17 unsere Straße nach links senkt (3.50 Std.), verlassen wir sie über einen spitzwinkligen Wiesenweg nach halbrechts auf den Bergzug **Léizar Athéca** zu, überqueren einen Paß (1290 m, 4.30 Std.) nach rechts und gehen gleich links parallel zur Kammlinie weiter.

Nun zieht der Weg vor einem Zaun aufwärts nach links, überwindet diesen auf einem eisernen Bodenrost, der als Sperre für Tiere gedacht ist (Schild 198), und erreicht die hier offene spanische Landesgrenze. Die nahe Quelle ist nach Roland benannt. Auf einem neuen Forstweg geht es nun in einem langen Bogen nach rechts an den Ruinen der Einsiedelei **Ellzarra** vorbei (5.10 Std.), wo die deutsche Pilgerinitiative »Ultreia« eine kleine Schutzhütte errichtet, durch dichten Buchenwald auf eine Anhöhe zu. Vor dem steilen, kahlen Monte Altobiskar (1506 m) kreuzen wir eine breite Forststraße und folgen nun dem steinigen Fahrweg halblinks in einem weiten Bogen dicht an der Böschung entlang, bis wir beim 1480 m hohen **Cisa-Paß** (5.50 Std.) wieder auf eine Asphaltstraße gelangen.

Diese führt links, entgegen unserer Wanderrichtung, zum knapp 3 km entfernten Nachbargipfel Orzanzurieta, zu erkennen an der hohen Fernsehantenne. Nun haben wir die Höhe

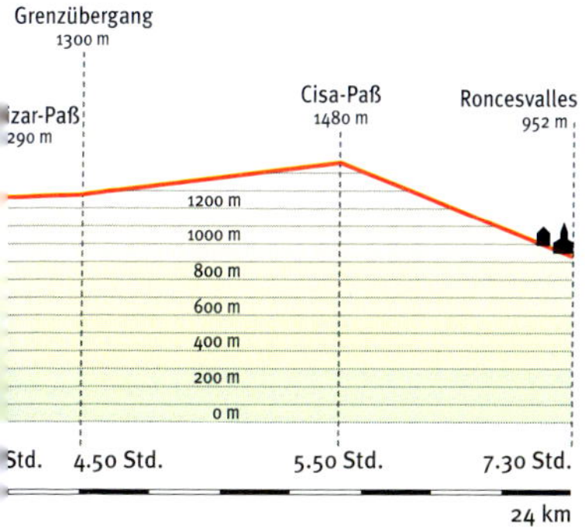

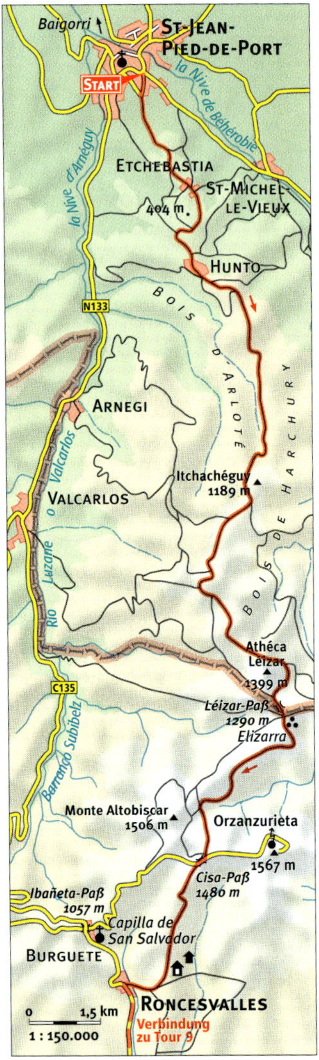

erreicht, von der Aimeric Picaud sagt, daß sie den Himmel zu berühren scheine. Karl der Große habe da den Weg bahnen lassen, ein Kreuzzeichen aufgestellt und, nach Galicien gewandt, die Fürsprache Santiagos für sich und sein Heer erfleht. In einem schlimmen Seitenhieb bemerkt der Autor des ›Codex Calixtinus‹ ferner, daß die treulosen Navarresen an dieser Stelle die erschöpften Pilger auszuplündern pflegten oder gar zum Schabernack »auf ihnen wie auf Eseln ritten«.

Die direktere Route vom Cisa-Paß nach Roncesvalles folgt zunächst 300 m der Asphaltstraße abwärts. Bei einer kleinen Baumgruppe biegt unser Weg nach links auf einen Hügelkamm ab. Die gelben Zeichen weisen halblinks auf einen Sattel. Hier muß man beachten, daß nach Verwilderung von markierten Trassen gelegentlich neue Wegspuren daneben gekennzeichnet sind. Nach einem kurzen Schlenker rechts aufwärts senkt sich der Weg wieder, bis er zur linken Flanke eines zweiten Hügels hinaufsteigt. Kurz darauf beginnt der letzte steile Abstieg. Bei einer Dreiergabelung wählen wir den mittleren Weg. Wir überqueren ein Rinnsal und treffen auf einen breiten Weg, der von rechts oben kommt und uns über einen Brückensteg zum Kloster führt. Zwischen der Jakobskapelle (12./13. Jh.) und dem Silo de Carlomagno betreten wir **Roncesvalles** (7.30 Std.).

Alternative: Ein bequemer, aber weiterer Weg führt vom **Cisa-Paß** rechts über die Asphaltstraße 3,3 km abwärts zum Ibañeta-Paß (1057 m), wo die internationale Straße von St-Jean durchs steile **Valcarlos** (Karlstal) hinaufkommt. Hier befand sich das ältere Paßkloster San Salvador mit einem Hospiz. Nach Einbruch der Dämmerung, bei Nebel oder Schneesturm sorgten die Mönche durch anhaltendes Glockenläuten dafür, daß sich verirrte Pilger orientieren konnten. Heute ist die Stelle des untergegangenen Klosters durch eine moderne Kapelle markiert. Auf einem nahen Hügel erinnert ein Natursteinmonument an den letzten Kampf Rolands. Einer alten Tradition gemäß stellen hier die Pilger kleine, aus Grashalmen und Zweigen geflochtene Kreuze auf.

Vom Ibañeta-Paß führt ein Weg direkt links neben der Fahrstraße in knapp 1,5 km hinunter zum Kloster **Roncesvalles** (8 Std.).

Roncesvalles

Die Römer hatten die Paßstraße einst als Teil der Fernverbindung Bordeaux–Astorga angelegt. Von Kaufleuten, Pilgern und Soldaten wurde sie als gut ausgebauter, sicherer Weg geschätzt.

Obwohl ein äußerst steiler Anstieg und rascher Wetterumschwung diese Etappe erschwerten, zogen die meisten Pilger sie anderen Routen vor. Zu verlockend war die Vorstellung, unterwegs Roncesvalles, das baskische ›Tal der Dornen‹ aufzusuchen, wo der fränkische Held Roland nach erbittertem Kampf sein Leben ausgehaucht hatte.

Fast alle Besucher lobten die Freigebigkeit und praktische Hilfe der Fratres in Roncesvalles: Bis zu drei Übernachtungen, Mahlzeiten, Körper- und Krankenpflege, Schuhreparatur standen jedem Passanten ohne Ansehen der Person zu. Wie einst gewährt man hier auch heute wieder wahren Jakobspilgern freie Unterkunft (Gästebetreuer Pater Javier Navarro, bei dem auch ein Pilgerpaß erhältlich ist).

Die Pilgerstation wird beherrscht von der breiten Fassade des Augustinerkonvents, im 12. Jh. von Alfons I. von Aragón und Navarra gestiftet. Die frühgotische, dreischiffige Stiftskirche wurde Ende des 12. Jh. von französischen Baumeistern im Auftrage Sanchos VII. von Navarra begonnen. Neben dem hohen Kapitelsaal (14. Jh.), der an der Ostseite des Kreuzganges die Grabtumba des Riesenkönigs und Stifters Sancho des Starken beherbergt, lohnen das Klostermuseum und die mittelalterliche Totenkapelle, auch Silo de Carlomagno genannt, einen Besuch. Nach dem Volksglauben waren hier die zwölf Pairs Rolands begraben. Gleich daneben erhebt sich die schlichte Jakobskapelle.

Prozession bei Roncesvalles

Tour 9

Bauernhäuser mit Namen

Von Roncesvalles nach Larrasoaina

Eine Augenweide auf dieser Wanderung sind die malerischen Dörfer und die Weiler des Pyrenäenvorlandes. Besonders reizvoll ist der Wechsel von altem Kulturland zu üppig wuchernden Waldgebieten, die ans Alpenvorland oder an unsere Mittelgebirge erinnern.

DIE WANDERUNG IN KÜRZE

++ Anspruch

9 Std. Gehzeit

26 km Länge

Charakter: mittelschwer; leichte Steigungen, zuletzt starkes Gefälle; überwiegend Pfade und Pisten, kurze Passagen an der Fahrstraße oder auf ausgewaschenen Wegen; nach Regenfällen schwere Böden

Markierung: rot-weiße und gelbe Zeichen

Ausrüstung: Tagesproviant

Wanderkarten: S. G. d. E., Nr. 91, 115 u. 116

Einkehrmöglichkeiten: in allen Dörfern außer Lintzoain und Ilarratz

Unterkunft: Hotels oder Landgasthäuser in Aurizberri, Espinal und Zubiri. Refugios in Zubiri (kein ✆) und Larrasoaina (✆ 9 48-30 42 42)

Gegenüber vom **Hotel Posada** in **Roncesvalles**, rechts neben der C. 135, starten wir noch im Baumschatten der Allee. Ein Schild weist auf die vor uns liegende Strecke des Fernwanderwegs G. R. 65 hin. Kurz vor **Burguete** erreichen wir die C. 135, der wir bis zum Gebäude der Banco Central (1 Std.) folgen. Vom Bankgebäude verlassen wir Burguete rechts über eine Piste. Nach 20–25 Minuten biegen wir scharf links über den Bach hinweg (Achtung, nicht geradeaus, da man sonst auf dem Wanderweg GR 11-12 landet) auf den Ort **Aurizberri Espinal** zu und durchqueren ihn nach rechts auf der C. 135. Am Ortsende, kurz vor dem letzten alten **Bauernhaus** (2.10 Std.), führt ein asphaltierter Wirtschaftsweg in gerader Linie ins offene Weideland hinaus, dann in einer großen Biegung nach rechts – einige Meter weiter links liegt der **Dolmen von Arriurdin,** Rest eines prähistorischen Megalithgrabs – den Hügelkamm entlang auf den

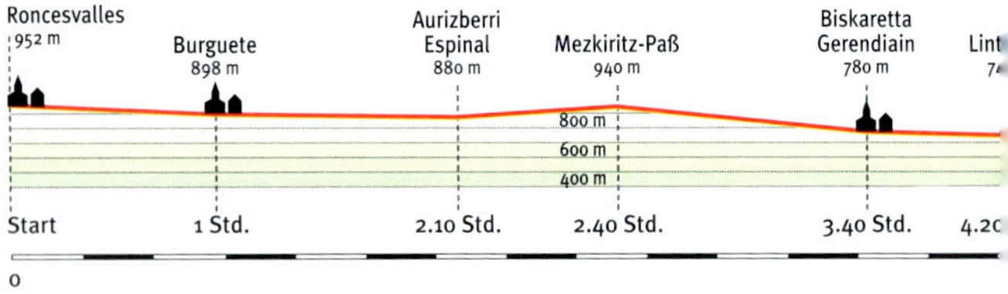

Idylle im Klostergarten Real Colegiata in Roncesvalles

Mezkiritz-Paß zu. Wir überqueren die C.135 und wandern nun stets parallel zur Straße links Richtung **Biskarreta Gerendiain** (3.40 Std.). Wir wählen die alte Dorfstraße – erst rechts, dann links –, meiden dadurch die Schnellstraße und erschließen so den malerischen Ort. Am Ende des Dorfes treffen wir dennoch für einige hundert Meter auf die Autostraße, die hier einen kleinen Paß durchläuft.

Wir verlassen sie wieder im spitzen Winkel nach halbrechts (4 Std.), dort, wo sie nach starkem Gefälle links abknickt. Ein leicht verwilderter Hohlweg bringt uns nun über einen Hügelsporn hinunter nach **Lintzoain.** Vorbei an der überdimensionalen Pelotahalle (4.20 Std.) gehen wir nur kurz nach links und steigen dann gleich rechts zwischen einer turmartigen Scheune und einer Bar den Hohlweg hinauf.

Unser Weg trifft auf eine weitläufige Fahrpiste, folgt ihr kurz nach links und löst sich wieder als Waldpfad rechts aufwärts. Weiter oben nähert er sich einer Piste, bleibt jedoch links davon, bis er sie auf der nächsten Höhe überquert. In einem dichte Waldgebiet geht es zunächst leicht abwärts, dann wird der Höhenrücken überwunden, an dessen linker Flanke die Trasse des Rolands- oder Jakobswegs verläuft.

Den Fußmaßen *(Pasos de Roldán)* des riesenhaften fränkischen Helden begegnen wir an einem Engpaß in Gestalt auffälliger Steinsockel. Danach wandern wir stetig abwärts, oh-

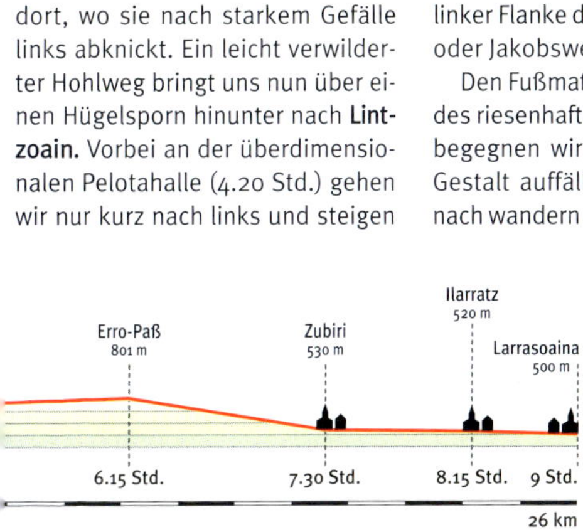

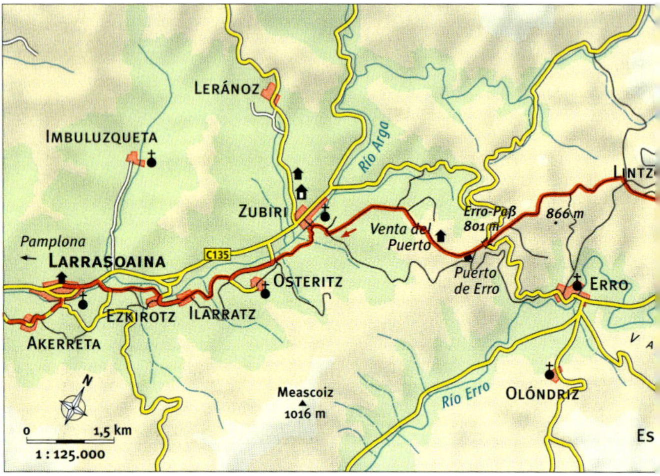

ne allzu große Abweichung, auf den **Erro-Paß** (801 m) zu, wo die N. 135 neben einem Parkplatz unseren Weg kreuzt (6.15 Std.). Dahinter steigen wir halbrechts einen gut markierten Hohlweg hinab. Kurz darauf ist ein Viehgatter per Schrägleiter zu übersteigen. Einige Minuten später stehen wir vor der verlassenen Venta del Puerto, einzige Zuflucht für Pilger und Wanderer in diesem ausgedehnten Waldgebiet. Von der Höhe rechts bietet sich ein großartiger Rundblick: Halbrechts unten sehen wir Zubiri, das zweite Dorf an der Talstraße.

Der Weg zieht nun längs der Venta vorbei in engen, von tiefen Erosionsgräben durchzogenen Windungen abwärts. Manchmal hat das Wasser richtige Stufen ausgewaschen. Bizarre Schieferwände oder künstlich angelegte Trockenmauern sind hier auffällig. Wegen des starken Gefälles senkt sich der Weg zuletzt in einer langen Links-Rechts-Serpentine, bevor er unten in Sichtweite des Ortes eine Piste erreicht, die uns zur alten Pilgerbrücke (7.30 Std.) von **Zubiri** bringt. Wir überqueren sie nicht, sondern folgen ca. 1,5 km dem asphaltierten Sträßlein links am Ufer des Río Arga entlang zwischen der Magnesitfabrik und Osteritz. Vor einer scharfen Linkskurve gehen wir geradeaus weiter. Hinter der Ortschaft **Ilarratz** (8.15 Std.) führt ein asphaltierter Weg links der Strommasten nach Ezkirotz. Wir verlassen den Ort unter der Stromleitung hindurch, rechts parallel zu ihr über eine Straße hinweg und ca. 600 m weiter an der nächsten Querstraße rechts zum Zielort **Larrasoaina** (9 Std.).

ZWISCHENETAPPE

Larrasoaina–Pamplona

Dauer: 5 Std.

Länge: 15 km

Charakter: einfach; Feldwege, breite Pfade, zuletzt Stadtpassage

Markierung: weiß-rot und gelb

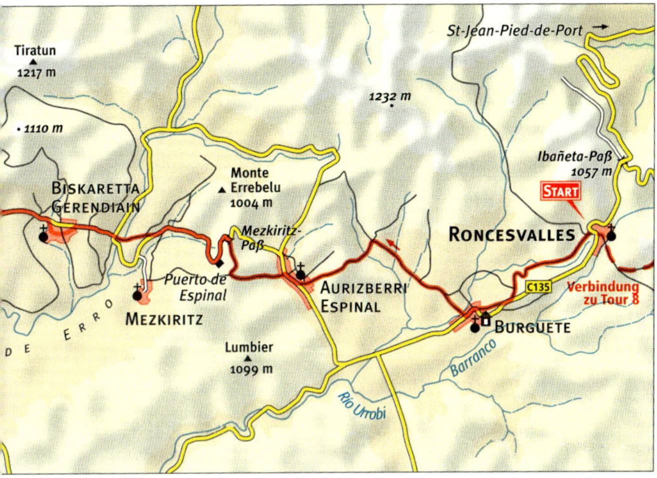

Wanderkarte: S. G. d. E., Nr. 115 u. 141

Einkehrmöglichkeiten: Trinidad de Arre, Pamplona

Unterkunft: für Pilger im Konvent Trinidad de Arre, ✆ 9 48-33 29 41; sonst in Villava, Burla da Pamplona. Pamplona s. Tour 10

Von Larrasoaina zurück ans linke Ufer des Río Arga. – Rechts das Sträßlein nach Akerreta aufnehmen. – Dort dem alten Weg zwischen den Hecken folgen. – Nach 500 m Straße queren. – Weiter auf leicht ansteigendem Wiesenweg und abwärts zum Fluß nach Zuriain (1.15 Std.). – Ca. 600 m links neben der C. 135, dann nach links auf Sträßlein Richtung Ilúrdoz. Fluß queren – rechts Weg nach Irotz. – Fluß überqueren und links neben der C. 135 weiter. – Unterhalb von Zabaldika (2.30 Std.) noch ca. 400 m an der C. 135 bleiben. – Vor einer Brücke halbrechts eine Piste zum Landgut Arleta einschlagen. – Es folgt eine nach Regen schwer passierbare kurze Strecke. – Der Weg entfernt sich deutlich vom Fluß, bleibt aber unterhalb der Stromleitung. – Ein Tunnel führt unter einer neu aufgeworfenen Querstraße hindurch, der rechts 200 m zu folgen ist. – An der Stromleitung auf die Pilgerbrücke und das gepflegte, alte Hospiz Trinidad de Arre (3.20 Std., Refugio) hin orientieren. – Hinter der Flußbrücke ca. 1 km (Achtung, ab hier bereits Vorstädte Pamplonas!) auf der Hauptstraße (Calle Mayor) durch Villava Atarrabia. – Halbrechts in die Calle Arrainzar einbiegen, die nach 400 m die C. 121 halbrechts quert. – Auf dem Camino de Burlada in 1,3 km zum Río Arga und diesen auf der mittel-alterlichen Magdalenen-Brücke (4.15 Std.) überqueren. – Rechts durch die Parkanlage unterhalb der hohen Stadtmauer zur Redín-Bastion. – Links durch das Portal de Francia hinauf in die Altstadt Pamplonas (5 Std.).

Tour 10

Stadt des Stierlaufes

Stadtspaziergang durch Pamplona

Bekannt ist Pamplona durch die wilde Fiesta im Juli. Wer zu einer anderen Zeit in die Hauptstadt Navarras kommt, wird deren Vorzüge ungestört entdecken können: weitläufige Parks und begrünte Festungsanlagen, aber auch das bunte Treiben rund um die Plaza del Castillo.

DER STADTRUNDGANG IN KÜRZE

+ Anspruch

2.30 Std. Gehzeit

4 km Länge

Einkehrmöglichkeiten: **** Restaurant Josetxo, Principe de Viana 1, ✆ 9 48-22 20 97; *** Restaurant Castillo Javier, C. Bajada de Javier 2, ✆ 9 48-22 18 94; ** Casa Otana, C. San Nicolás 5, ✆ 9 48-22 50 95

Unterkunft: *** Hotel Yoldi, Av. San Ignacio 11, ✆ 9 48-22 48 00; ** Hotel Eslava, Plaza Virgen de la O, 7, ✆ 9 48-22 22 70; * Hemingway's Hotel La Perla, Plaza del Castillo 1, ✆ 9 48-22 77 06. (Die Hotels sind während der Fiesta trotz mehrfacher Saisonpreise meist total ausgebucht!) Refugio, C. Ansoleaga 2, bei der Kirche San Saturnino (während der Fiesta geschlossen). Camping Ezcaba in Eusa (von der N. 121 nach Norden bei km 7 links ab, Richtung Irún)

Verkehrsmittel: Taxistand: Plaza del Castillo/Av. Carlos III.; **Busbahnhof:** Av. Conde Oliveto 2, ✆ 9 48-21 36 19; stdl. Verbindungen Richtung Jaca, Sangüesa, Burguete, Estella, Logroño; **Zuginformation:** RENFE, C. Estella, ✆ 9 48-22 24 29

Information: Oficina de Turismo, Duque de Ahumada 3, ✆ 9 48-22 07 41. Amigos del Camino, Muñoz Garde, C. Sierra Alaiz 5, ✆ 9 48-24 09 75

Fiesta: Fiesta San Fermín (7.–14. Juli)

Der Kult um den hl. Jakobus und die günstige Lage als Talstation der römischen Paßstraße brachten **Pamplona** die entscheidenden Impulse zur städtischen Entwicklung. Die baskisch-navarrischen Anführer befestigten das flache Plateau über einer Flußschleife des Arga, die Römer benannten es nach ihrem Feldherrn Pompejus, Karl der Große und die Mauren zerstörten es.

In den ersten Jahren des 12. Jh. breiteten sich unterhalb der alten baskischen Navarrería, beim Kathedralhügel, die Frankenviertel *(Burgos)* San Cernín, San Nicolás und Santiago aus, deren Privilegien und wirtschaftlichen Erfolge die Alteingesessenen mit Neid und Mißgunst erfüllten. So waren z. B. die einträglichen Geschäfte mit den Pilgern lange ein Monopol der ›Franken‹.

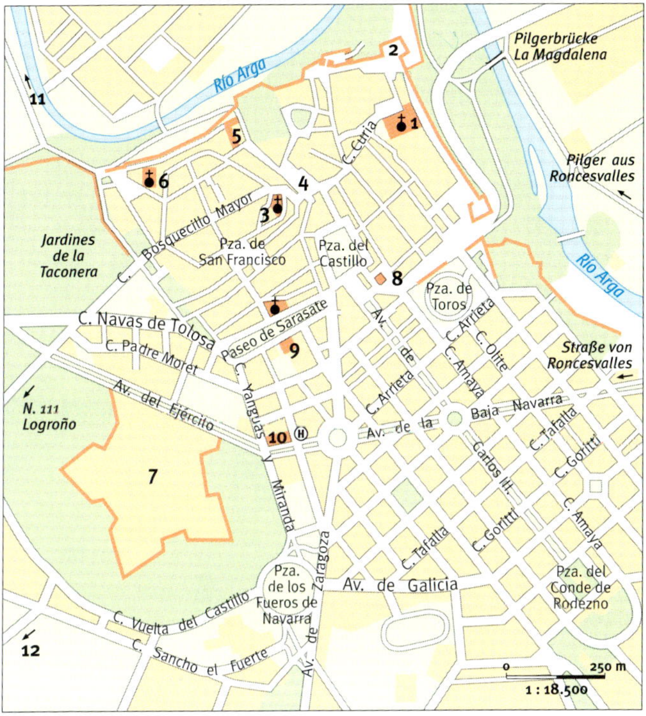

Dauerfehden und interne Kämpfe erschütterten die Stadt noch, bis König Karl III. (der Edle) 1423 die Einheit und Gleichheit aller Bürger deklarierte. Die weitgehend französisch sprechenden Neubürger hatten auch ihre Heiligen mitgebracht: Sankt Santurninus aus Toulouse und später Sankt Fermín.

Die mehr als zwei Jahrtausende alte Stadt ist heute Sitz eines Erzbischofs sowie der Landesregierung Navarras und verfügt über eine angesehene Universität, die von dem katholischen Laienorden Opus Dei geleitet wird. Herzstück Pamplonas ist der am Schnittpunkt von Alt- und Neustadt gelegene Schloßplatz **Plaza del Castillo.** In seinen Bars und Cafeterías, unter den Arkaden und um den Musikpavillon spielt sich das Leben aller Altersgruppen ab. Ein Besuch der von Hemingway sehr geschätzten Jugendstilbar Iruñea an der Nordseite sollte nicht versäumt werden. Von hier aus erreicht man über die Straßen Chapitela und Curia in wenigen Minuten den Domhügel.

Hinter der grauen klassizistischen Fassade kann man eine ausgewogene hochgotische **Kathedrale** (1) bewundern. Das Stifterpaar, Karl III. und Eleonore, deren Alabasterfiguren (Anfang 15. Jh., flämischer Realismus) vor dem Hochaltar auf einer Grabtumba ruhen, ließ die dreischiffige Bischofskirche ab 1397 anstelle älterer Bauwerke (römisch, romanisch und frühgotisch) errichten.

Inspirierte schon Hemingway: der Stierlauf in Pamplona

Fast gleichzeitig entstand ein neuer Kreuzgang aus filigran wirkendem Maßwerk (Portale mit reichem Skulpturenschmuck). An seiner Ostflanke erhebt sich als prunkvolles Mausoleum die hohe Grabkapelle des Bischofs Barbazán, während sich an der Südwestecke die mittelalterliche Klausur der Domherren anschließt mit beeindruckender Küche (Kamin und Anrichte) und Refektorium, einst von Pilgern wegen guter, reichlicher Mahlzeiten gerühmt, heute Ausstellungsraum des Kathedralmuseums.

Vorbei an der Nordseite der Kathedrale gelangt man zu der hoch über einer Flußschleife des Río Arga gelegenen Redín-Bastion der **Stadtmauer** (2), wo sich ein großartiger Rundblick zum nahen Bergland bietet. Folgt man der Mauerkrone nach rechts, so kommt man auf die schattige Labrit-Allee. Hier steht die Stierkampfarena *(Plaza de Toros)* mit der Ehrenbüste Hemingways. Über die Calle Estafeta (Gasse des Stierlaufs) orientiert man sich links auf die hochragenden, ungleichen Wehrtürme der Bürgerkirche **San Saturnino/San Cernín** (3) aus dem 13./14. Jh. Nahebei befinden sich **Rathaus** (4), Barockfassade, 17./18. Jh., und **Museum** (5), römische Mosaiken, arabische, romanische, gotische Kunst u. v. m. Ferner lohnt sich ein Spaziergang zur klassizistischen Kirche **San Lorenzo** (6) mit der San-Fermín-Kapelle, zur alten Pilgerbrücke La Magdalena sowie zur gepflegten Parkanlage der **Zitadelle** (7) aus dem 16. Jh.

Über den Berg der Läuterung

Von Pamplona nach Puente la Reina

Aus der Enge und dem Lärm der Großstadt Pamplona geht es den offen vor uns liegenden Hang des 1000 m hohen Monte Perdón hinauf. Wenn die Höhe überwunden ist, kann sich das Auge kaum satt sehen an den Pastellfarben von Wiesen, Äckern und fernen Hügelketten.

DIE WANDERUNG IN KÜRZE

++ Anspruch

7 Std. Gehzeit

23 km Länge

Charakter: nicht allzu schwer; 2 Std. mäßiger Anstieg; zur Hälfte wenig befahrene asphaltierte Strecken, sonst Wege und Pfade

Markierung: rot-weiße und gelbe Zeichen (G. R. 65)

Ausrüstung: Tagesproviant, ausreichend Wasser (ca. 2–3 l)

Wanderkarte: S. G. d. E., Nr. 141

Einkehrmöglichkeiten: Cizur Menor, Uterga, Muruzábal, Obanos, Puente la Reina

Unterkunft: Obanos: Hospedería Arnotegui, ✆ 9 48-34 01 53/ 34 42 08 (Saisonbetrieb, Reservierung ratsam). **Puente la Reina:** Refugio, ✆ 9 48 34 00 50; ** Mesón del Peregrino, ✆ 9 48-34 00 75; ** Hotel Jakue, ✆ 9 48-34 10 17; Camping El Molino ✆ 9 48-34 06 04 (in Mendigorría, ca. 5 km Richtung Tafalla)

Information: Puente la Reina: Rathaus, Plaza de Mena 1, ✆ 9 48-34 00 07

Fiestas: Puente la Reina: Jakobstag (25. Juli); Kosmas und Damian (29. Sept.)

Wir verlassen die Altstadt von **Pamplona** auf der Calle Mayor zur Ausfallstraße Bosquecillo, umgehen durch die Grünanlagen die links gelegene Zitadelle und folgen der ruhigen Straße Fuente del Hierro bis zum **Universitätscampus** hinab. Diesen durchqueren wir und ziehen dann in gerader Richtung über zwei kleine Bogenbrücken sowie über Bahnlinie und Autobahn hinauf nach **Cizur Menor** (1.30 Std.). Kurz hinter der rechts gelegenen Hauptkirche und des höchsten Punktes der Straße biegen wir bei den auffälligen Betonwänden der Pelotahalle (Frontón) halbrechts in eine Platanenallee – quer durch eine Ferienanlage – und folgen kurz darauf in einer Rechtskurve dem Ackerweg, der rechts ansteigend in eine Asphaltstraße mündet, der wir 200 m nach links folgen.

Unser Weg verläßt sie bald halbrechts steil aufwärts. Links wird das Dorf **Galar** sichtbar. Ohne Querwege zu beachten, ziehen wir weitgehend in gerader Richtung zwischen zwei hohen Hügeln hindurch über ein Feld

hinweg (rechts oben Friedhof mit Zypresse) und wechseln hinter diesem ›Paß‹ auf die rechte Hangseite. Rechts taucht wenig später der halbverfallene Ort **Guenduláin** mit Kirche und Adelspalast auf (2.50 Std.). Wir gehen die Hauptrichtung aufwärts an einer Ruine, Alleebäumen und einem weiteren Friedhof (links von uns) vorbei und passieren das Dorf **Zariquiegui**.

Der Ackerweg senkt sich kurz und windet sich dann rechts um einen Hügel herum auf ein kleines Plateau hinauf. Links oben am Horizont ist die höchste Erhebung des Monte Perdón mit einem Wäldchen und Fernsehantenne zu erkennen. Bei der Gabelung nehmen wir den unscheinbaren Pfad (Markierung), der sich rechts am Hang auf einen entfernten Hochspannungsmast zu orientiert.

Bald darauf erreichen wir die Quelle der Abkehr (= *Fuente de Reniega;* 4.10 Std.), auf die folgende Legende anspielt: Einem einsamen, halbverdursteten Wallfahrer erschien der Teufel im Pilgergewand und versprach, ihm eine versteckte Quelle zu zeigen, falls er Gott abschwöre und statt dessen ihn anbete. Doch auch angesichts des nahen Todes verharrte der fromme Mann in seinem Glauben. Mit einem Male aber gewahrte er einen weiteren Pilger. Dieser schleppte den Entkräfteten zu der verborgenen Wasserstelle und schöpfte mit seiner Jakobsmuschel Wasser. Ehe der Genesende Dank sagen konnte, war sein Retter unversehens verschwunden: Kein Zweifel – der Apostel Santiago selbst hatte eingegriffen!

Wenig später queren wir auf der Kammlinie des **Perdón** die Asphaltstraße sowie einen Staubweg und halten halbrechts auf ein neues hölzernes Viehgatter zu. Beinahe in gerader Linie nach unten reihen sich die drei

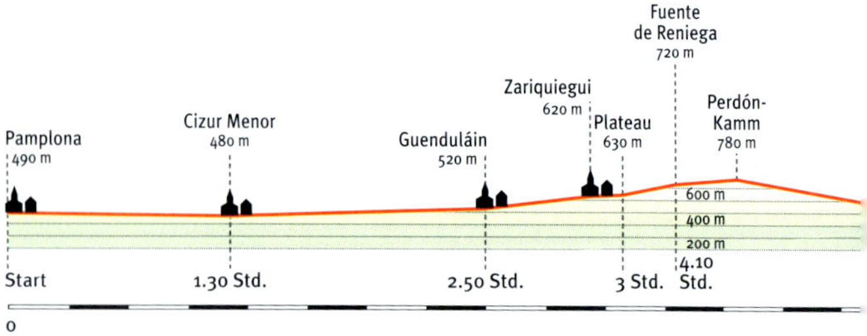

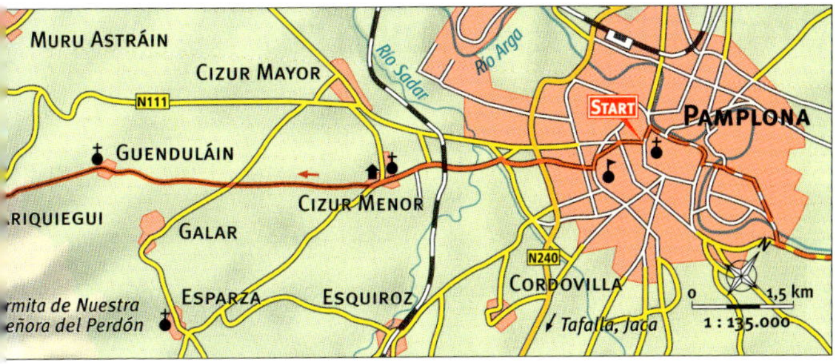

Dörfer unserer weiteren Wanderung auf. Nach dem Tor senkt sich der ausgewaschene Weg rasch, tangiert ein paar hundert Meter eine breitere Piste und weicht dann in einer Rechtskurve halblinks ab, in Sichtweite eines Metallwindrades.

Bei einer Gabelung folgen wir (hier doppelte Markierung) der linken Spur. Sie führt durchs untere Gatter auf einem Ackerweg, der über Kamm und Tal hinweg vor dem langgestreckten Dorf **Uterga** in eine Asphaltstraße mündet (5.15 Std.). Am Ortsende von Uterga ist nach links ein Ausfallweg markiert, der in einem großen Bogen um den hohen Sacama-Hügel herum rechts nach **Muruzábal** zieht. Unmittelbar hinter Muruzábal durchquert ein Ackerweg halbrechts das Tal auf das nahe **Obanos** (6.30 Std.) zu.

Rechts etwas außerhalb des Ortes liegt bei der **Ermita de San Salvador** die historische Weggabelung, wo sich die Pilgerwege vom Ciza-Paß und vom Somport-Paß vereinen. Für den motorisierten Wallfahrer erinnert eine moderne Pilgerstatue an der Einmündung von der Straße von Eunate in die N. 111 kurz vor Puente la Reina an die Vereinigung der zwei Pilgerrouten. Über einen kurzen, steilen Zubringer zur unten sichtbaren querverlaufenden Autostraße gehen wir abwärts und folgen auf der gegenüberliegenden Straßenseite scharf rechts dem markierten Weg, der uns auf die Türme des Städtchens **Puente la Reina** lenkt. Wir erreichen den Ort bei der ehemaligen Templerkirche Iglesia del Crucifijo (13./14. Jh.) mit einem reich dekorierten romanischen Portal und einem berühmten gotischen Kreuz in Y-Form (7 Std.). Die Hauptkirche Santiago (12. –16. Jh.) mit einem für Navarra typischen romanischen Zackenbogenportal besitzt eine erhabene Statue Santiagos als Pilger (14. Jh.).

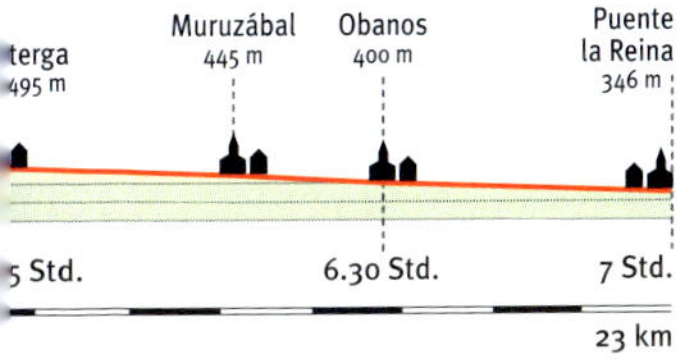

Tour 12

Brot und Wein Navarras

Von Puente la Reina nach Estella

Die Tagestour führt durch malerische Dörfer und über rote fruchtbare Erde in die ›Sternenstadt‹ Estella. Alte Brücken, Wegsteine und selbst das Straßenpflaster erinnern an die Blüte des Pilgertums im Mittelalter. Manche Legenden gehen auf diese Zeit zurück.

DIE WANDERUNG IN KÜRZE

++ Anspruch

6.30 Std. Gehzeit

21 km Länge

Charakter: nicht allzu schwer; drei mäßige Steigungen; kurze asphaltierte Strecken bei Ortschaften, ansonsten Wegen, Pisten und Pfade

Markierung: rot-weiße und gelbe Zeichen

Ausrüstung: Tagesproviant

Wanderkarten: S. G. d. E., Nr. 141, 140, 173 u. 172

Einkehrmöglichkeiten: Mañeru, Cirauqui, Lorca, Villatuerta, Estella

Unterkunft: Estella: Refugio, Rúa Curtidores ✆ 9 48-55 02 00; Hotel Cristina, C. Baja Navarra 1, ✆ 9 48-55 07 72; Hostal San Andrés, C. José Antonio 1, ✆ 9 48-55 07 72; *** Hotel Irache, ✆ 9 48-55 11 50 (an der N. 111 bei km 48, ca. 3,5 km Richtung Logroño). Camping Montejurra in Ayegui, ✆ 9 48-55 00 43 (auf der N. 111 ca. 2 km Richtung Logroño)

Information: Estella: Oficina de Turismo im romanischen Palast, C. de la Rúa, ✆ 948-55 40 11; Amigos del Camino, c/o Antonio Roa, ✆ 948-55 15 62

Fiesta: Estella: Virgen del Puy (25. Mai)

Neben der Autobrücke bei der Klosteranlage in **Puente la Reina** entfernt sich unser Weg halblinks von der Straße, passiert die letzten Gartenhäuser und gelangt nach 25 Min. vor einer Spülrinne an eine Gabelung.

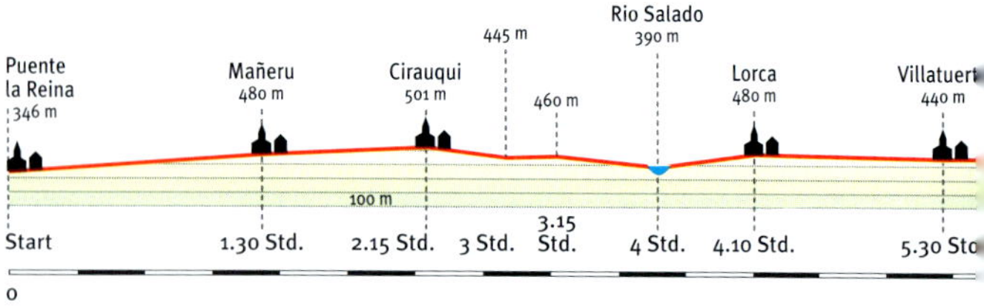

Die Markierung zeigt steil nach rechts oben, wir durchqueren die Rinne nach links und steigen den Abhang hinauf auf einen breiten Lehmweg zu. Diesem folgen wir nach rechts.

Bei einer Gabelung nehmen wir die linke Wegspur, die uns in einem langen Aufwärtsbogen direkt neben der neuen N. 111 auf die Höhe bringt (1.10 Std.). Vor uns liegt **Mañeru**. Wir orientieren uns an der Kirche. Unmittelbar davor biegen wir links ab, 100 m weiter dann rechts zum bescheidenen Hauptplatz, und über eine erneute Links-Rechts-Wende geht es am Friedhof vorbei ins offene Feld.

Vor einer Mandelbaumgruppe verläuft der Weg rechts, dann auf einer Wiesenkreuzung kurz links und wieder nach rechts. Zwischen Acker und Böschung hindurch senkt er sich, kreuzt einen Feldweg und zieht vor einer niedrigen Anhöhe zum Dorf **Cirauqui** hinüber (2.15 Std.).

Halbrechts gehen wir durch einen Torbogen die steile Gasse zum Hauptplatz (Bar, Laden) und weiter zur Kirche San Román (spätromanisches Zackenportal) hinauf. Gleich links vor ihr steigen wir im Zickzack der Gassen zur Ringstraße hinab, die nach links in einen gepflasterten römischen Fahrdamm ausläuft. Die dazugehörige Brücke mit einem Bogen ist trotz Teilzerstörung immer noch beeindruckend. Wir überqueren die unmäßig verbreiterte

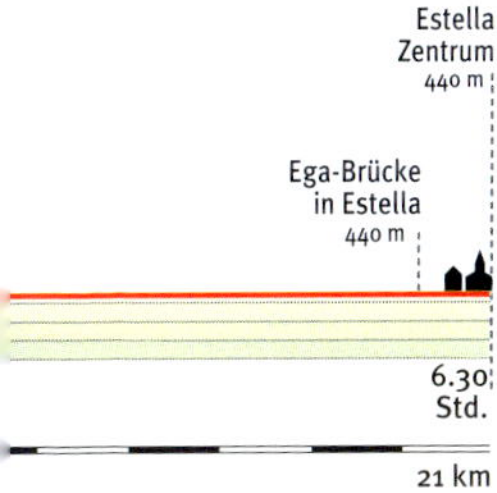

Im malerischen Dorf Cirauqui

N. 111, und nun geht es auf einer neu angelegten Rampe die steile Böschung hinauf nach links auf die alte Wegtrasse. An einer Gartenhütte vorbei wenden wir uns nach rechts auf eine Höhe zu. Als grobe Orientierung dient halblinks, auf einem fernen, bewaldeten Bergsporn ein Strommast. Oben senkt sich der Weg bei einer Gabelung zügig in gerader Spur zu einem Pilgerbrücklein ins Tal und zieht gleich wieder halblinks auf eine zweite Höhe (3.15 Std.).

Hier sind noch Reste der Calzada, des alten Pflasterweges, erhalten – eine unschätzbare Erleichterung an Regentagen. Links im Feld steht ein alter Bauernturm. Die mit Mauern abgestützten Ölbaumäcker lassen auf ein wintermildes Klima schließen. Zwischen Brombeerhecken hindurch – bei einer Gabelung auf der halblinken Spur – queren wir eine flache Senke und steigen dann zum Strommasthügel auf, wo es spärliche Reste einer längst vergangenen Ortschaft gibt.

Da, wo sich der Weg in einer Linkskurve erneut neigt, weisen die gelben Zeichen auf einen alten Zickzackpfad, der rechts den Hang hinab über ein schilfbewachsenes Rinnsal auf eine Hütte zuführt. Dort folgen wir einem breiten Weg im weiten Bogen nach rechts hinter einer Hausruine vorbei bis an die N. 111 heran und biegen gleich darauf rechts in einen Asphaltweg ein. Unter einem Betonstelzenaquädukt hindurch wenden wir uns unmittelbar hinter einer früheren Mühle links zur uralten Doppelbogenbrücke über den Río Salado.

Nach Überquerung des stark mineralhaltigen Salado gelangen wir durch einen Fußgängertunnel auf die andere Seite der neuen N. 111, folgen kurz der alten Fahrbahn nach rechts und gehen gleich darauf im spitzen Winkel links den Weg nach **Lorca** hinauf (4.10 Std.). An der romanisch-gotischen Dorfkirche vorbei ziehen wir zum Ort hinaus an die Asphaltspur der alten Fernstraße, der wir kurz bis zu einem Eichenhain folgen. Nun führt links ein markierter Pfad knapp 2 km parallel zur N. 111, quert eine Piste nach links und nimmt nach 300 m die alte Richtung auf den hohen Kirchturm von **Villatuerta** zu wieder auf.

Wir passieren das Dorf (5.30 Std.) in gerader Richtung. Von den drei markierten Varianten auf Estella zu geben wir der mittleren, die links von der N. 111 und später auch von Ria Ega nach Estella führt, den Vorzug. Dazu orientieren wir uns auf den links gelegenen höchsten Ortsteil zu, umgehen ihn in Richtung Ermita de San Miguel halbrechts und kreuzen zwei Asphaltstraßen, die rechts zur N. 111 abgehen. Nach Queren des **Rio Ega** wendet sich der Weg halbrechts und kommt am Ortseingang **Estellas** an das Flußufer zurück. An der Kirche **Santo Sepulcro** (unvollendete Grabkirche mit romanischer Apsis und prächtigem gotischem Figurenportal, 14. Jh.) betreten wir das ›fränkische Viertel‹ der Altstadt. Dicht neben dem Fluß kommen wir an einer rekonstruierten Steilbogenbrücke und alten Patrizierhäusern vorbei durch die Hauptstraße des ehemaligen Frankenviertels (Calle de la Rúa) zum romanischen **Königspalast** (12. Jh., links unten Säulenkapitell mit Kampfszene Rolands gegen den Riesen Ferragut), der von der himmelstürmenden romanischen Kirche **San Pedro de la Rúa** (Zackenbogenportal und sehenswerte romanische Kreuzgangruine mit gepflegtem Garten und Pilgergräbern) überragt wird. Über die

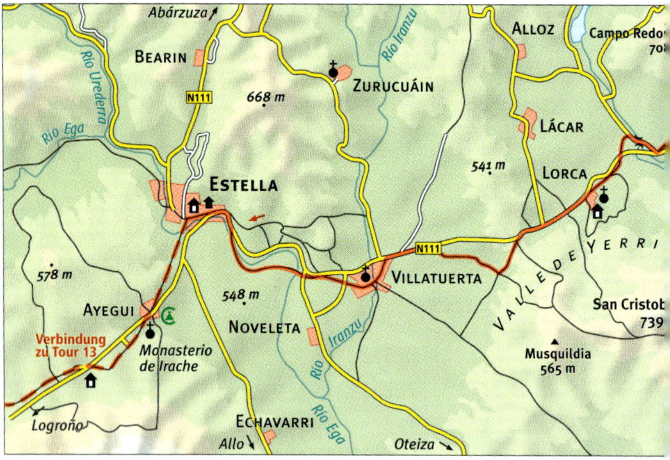

neue Autobrücke gelangen wir in gerader Richtung auf die querverlaufende geschäftige Calle Mayor, der wir nach links bis zur ersten Kreuzung folgen: Rechts geht es zur Plaza Mayor (6.30 Std.) mit der Stadtpfarrkirche **San Juan Bautista,** Bars und Restaurants; links geradewegs auf den Busbahnhof zu, hinter dem in einer schattigen Flußschleife des Ega ein Gartenlokal und das örtliche Freibad *(piscina)* liegen. In entgegengesetzter Richtung erreicht die Calle Mayor die in den Hang gebaute wuchtige Kirche **San Miguel** (romanische und gotische Bauanteile, 12.–14. Jh., Nordportal mit reichem Figurenschmuck).

Estella

Noch bis Ende des 11. Jhs. zogen die Pilger in direkter Route bei Villatuerta nach Zarapúz oder Irache, wo sie in einer der Klosterherbergen Platz fanden. Aber dann entschloß sich König Sancho Ramírez zur Förderung einer neuen Frankensiedlung, als Hirten unter den acht Strahlen eines geheimnisvollen Sternes in Estella (Stern) das Gnadenbild der Jungfrau von Puy entdeckten. Vergeblich stemmten sich die Benediktiner von Zarapúz gegen das Wunder: Die neue Route besiegelte den völligen Niedergang ihres Klosters. Die Fremden ließen sich im Schutz einer Königsburg auf dem rechten Ufer um ihre Kirchen San Martín und San Pedro de la Rúa nieder. Nahebei entstand ebenfalls im 12. Jh. der Königspalast.

Im Jahre 1270 wiederholte sich das wunderbare Sternenzeichen, diesmal über dem Grab eines anonymen Pilgers. Ein Papier wies ihn als Bischof von Patras aus. Er trug eine Reliquie des Apostels Andreas bei sich, der seitdem als Schutzpatron der Stadt verehrt wird. Mit den anderen, baskischen Vierteln San Miguel, San Juan, San Salvador, mit Pilgerhospizen, Klöstern und wichtigen Märkten war Estella im Hochmittelalter fast gleichrangig mit Pamplona. Trotz gemeinsamer Räte wahrten die einzelnen Stadtteile lange ihre Eigenarten (Sprache, Heilige, Traditionen), sicherten sich mit Mauern und Türmen ab und fochten häufig blutige Fehden aus.

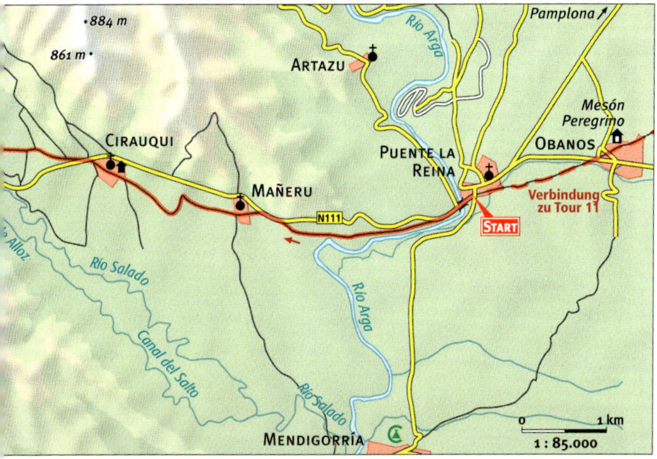

Klosterwein und mystische Kirchen

Von Estella nach Torres del Río

Legendenumwitterte Stätten und stattliche Gebäude säumen die Strecke durch den Westen Navarras, dessen Dörfer schon im Mittelalter ein europäisches Gepräge erhielten: Fremde Kaufleute, Handwerker und Mönche ließen sich nach ihrer Pilgerfahrt hier nieder.

DIE WANDERUNG IN KÜRZE

++ Anspruch

9 Std. Gehzeit

27 km Länge

Charakter: mittelschwere, aber lange, meist der Sonne ausgesetzte Etappe; Pisten, Landwirtschaftswege und asphaltierte Dorfzubringer

Markierung: rot-weiße und gelbe Zeichen (G. R. 65)

Ausrüstung: Tagesproviant

Wanderkarten: S. G. d. E., Nr. 140, 173 u. 171

Einkehrmöglichkeiten: in allen Dörfern unterwegs

Unterkunft: Los Arcos: Refugio, ✆ 9 48-64 02 30; Hotel Mónaco, ✆ 9 48-64 00 00; Hotel Ezeqiel, ✆ 9 48-64 02 96. **Torres del Río:** Refugio, ✆ 9 48-64 81 57

Fiesta: Los Arcos: San Roque/Ascensión (14./15. Aug.); Torres del Río: Santa Cruz (2. So im Sept.)

Vom Busbahnhof in **Estella** gehen wir links an einem langgestreckten Parkplatz vorbei auf die schattige Uferallee am Río Ega zu, in die wir rechts einbiegen. Auf einer neuen Fußgängerbrücke überqueren wir den Fluß und folgen rechts der N. 111 Richtung Logroño. Hinter einer Tankstelle (15 Min.) markieren rechts Wegzeichen eine weniger befahrene parallele Piste nach **Ayegui** hinauf. Vom rechten, oberen Ortsteil senkt sich unser Weg, quert zum Ortsende die N. 111 und führt direkt zum monumentalen Benediktinerkonvent **Santa Maria de Irache** (50 Min.). Rechts liegt die berühmte, inzwischen modernisierte Klosterkellerei, deren einfache Roséweine besonders geschätzt werden. Mehr als jedem anderen Reisenden

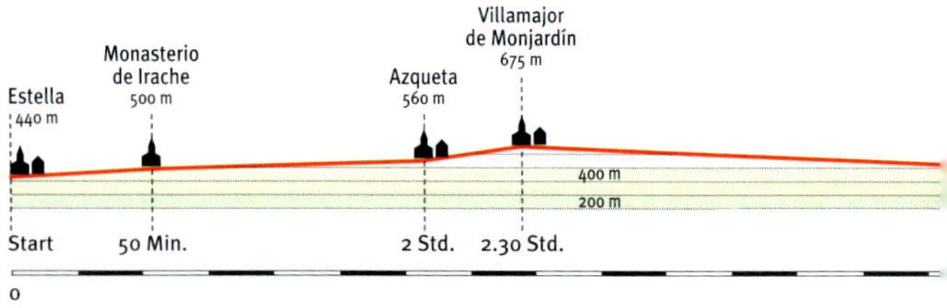

Ziel in der Ferne: Torres del Río

gebührt dem Fußpilger das Recht, die Weine zu kosten. Dieses Angebot sollte nicht über Gebühr ausgenutzt werden, damit die stets sprudelnde Weinquelle nicht versiegt. Das traditionsreiche Kloster zu Füßen des bewaldeten Montejurra (1044 m) verfügte bereits im 11. Jh. über eine Pilgerherberge und unterhielt von 1569 bis 1824 eine Universität. Die mächtige romanische Kirche (12. Jh.) und der platereske Kreuzgang (16. Jh.) lohnen einen Besuch.

Rechts neben den Klostermauern entlang erreichen wir bald eine Ferienhaussiedlung. Hier halten wir uns rechts und überqueren sodann die N. 111 beim Hotel Irache nach links. Der markierte Weg verläuft fast parallel zur nahen Straße nach **Azqueta** (2 Std.). Von der Dorfstraße geht es auf den spitzen Berg Monjardín zu, wobei sich der Weg zunächst rechts talwärts wendet, dann nach links an einer mittelalterlichen Pilgerquelle vorbei zu den unteren Häusern von **Villamayor de Monjardín** ansteigt (2.30 Std.).

Von der Ortsmitte folgen wir der Zufahrt zur N.111 bis zu einer scharfen Linkskurve abwärts, dort einer Traktorpiste rechts ca. 4 km stets in Süd-West-Richtung, wobei wir eine Nebenstraße überqueren. Wir nähern uns der N. 111 bis auf ca. 200 m, wenden uns aber bei der nahen Wegkreuzung wieder rechts von ihr ab. In langgezogenen Kurven zieht der Weg erst zweimal

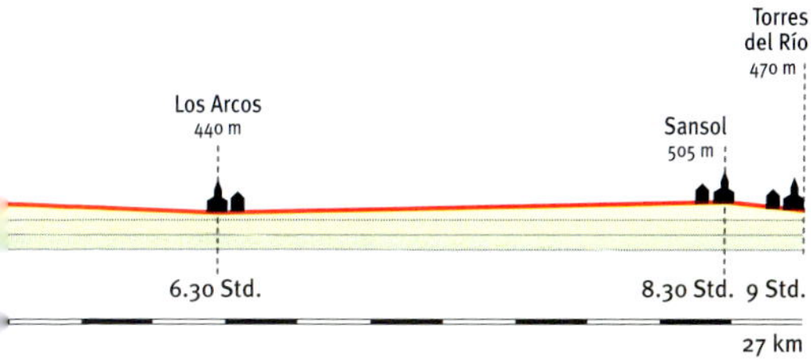

nach rechts und dann wieder nach links, dann knapp 1 km geradeaus, nochmals etwa 300 m scharf nach links und verläuft daraufhin ca. 2 km in Westrichtung. Nach der Überquerung eines Baches wandern wir links in Süd-West-Richtung rund 3 km zur Ortschaft **Los Arcos** (6.30 Std.; Pfarrkirche Santa María mit elegantem Renaissanceturm, Kreuzgang und Blendarkaden). Dicht rechts neben der alten N. 111 verlassen wir das Städtchen über den Río Odrón am Lazaruskirchlein und Friedhof vorbei. Der Weg entfernt sich erst nach 3 km in einem Rechts-Links-Haken von der N. 111, zieht in einem weiten Bogen nach rechts und trifft dann auf die Landstraße ins links sichtbare **Sansol**. Am Ortsende (8.30 Std.) überqueren wir die N. 111 in einer spitzen Rechtskurve.

Unter uns am gegenüberliegenden Hang erstreckt sich das Ziel **Torres del Río,** das wir über einen Weg links abwärts und dann rechts eine Dorfstraße entlang erreichen (9 Std.). Das Dorf birgt mit seiner achteckigen romanischen Kirche **Santo Sepulcro** aus dem 12. Jh. eines der anmutigsten Gebäude des Camino (keine festen Öffnungszeiten, drei Frauen versehen wechselweise den Schlüsseldienst; s. Hinweis am Portal).

Der Bau ist in drei Geschosse gegliedert und von einem ebenfalls achteckigen Türmchen bekrönt, der ›Totenlaterne‹. Im Innern faszinieren die vollendete Steinmetzarbeit an Säulen und Kapitellen sowie die für Nordspanien einzigartige Gewölbekonstruktion: eine flache Kuppel zwischen einem System breiter Rippen, die sich in Form eines achteckigen Sternes überschneiden, ein großartiges Beispiel maurisch-mudejaren Dekorstils. Vermutlich war die Kirche von den Ordensrittern des Heiligen Grabes als Begräbnisstätte für verstorbene Pilger gedacht.

ZWISCHENETAPPE

Torres del Río–Logroño

Dauer: 6 Std.

Länge: 19 km

Charakter: leicht bis mittelschwer; Feldwege, Stadtpassagen und Landwirtschaftswege

Markierung: rot-weiß und gelb

Wanderkarten: S. G. d. E., Nr. 196, 197 u. 235

Einkehrmöglichkeiten: Viana, Logroño

Unterkunft: **Viana:** Refugio, ✆ 9 48-64 50 07. **Logroño:** Refugio, Rúa Vieja 32, ✆ 9 41-26 02 34; *** Hotel Murrieta, Av. Marqués de Murrieta 1, ✆ 9 41-22 41 50; ** Hotel Marqués de Vallejo, C. M. de Vallejo 8, ✆ 9 41-24 83 33; * Hotel Isasa, C. Doctor Castroviejo 13, ✆ 9 41-25 65 99. Camping La Playa (am jenseitigen Ebro-Ufer Richtung Vitoria)

Information: Oficina de Turismo, C. M. Villanueva 10/Espolón, ✆ 9 41-25 77 11. Amigos del Camino, c/o F. Martínez Pantoja, C. Menéndez Pelayo 10

Fiestas: Logroño: San Bartolomé (11. Juni; ›Brot, Wein und Fisch‹); Weinfest (16.–25. Sept.)

Von der Kirche Santo Sepulcro die Dorfstraße aufwärts zum Friedhof. – Abwärts zur N. 111 (40 Min.). – Eine Linkskurve links abkürzen. – Kurzes Stück dicht neben der Straße. – Straßenseite wechseln, an der Ermita del Poyo (1 Std.; ehemalige Pilgerherberge) vorbei bis zu einer Linkskurve, halbrechts langer Bogenweg nach links zur N. 111 zurück. – Halbrechts von der N. 111 weg. – Straßenkurve nach links abschneiden. – Nach 1 km auf die rechte Straßenseite wechseln und nach Viana (3 Std.) hinauf. – Vom Ortskern auf dem Camino Arenal ca. 800 m abwärts zur N. 111. – Auf der gegenüberliegenden Straßenseite in südlicher Richtung zur Ermita de Cuevas (4 Std.; Trinkwasserquelle u. Natur-/Vogelschutzgebiet Las Cañas). – Im rechten Winkel nach rechts zur N. 111. – Auf der rechten Straßenseite am Info-Schild G. R. 65 vorbei zur Grenze Navarra/Rioja. – Links im spitzen Winkel von der N. 111 entfernen, eine Nebenstraße queren und in ca. 3,5 km zum Ebro-Ufer. – Rechts halten und über die alte Bogenbrücke nach Logroño (6 Std.).

Logroño

Wie die Schar der Wallfahrer nach Compostela folgen wir der Route der bedeutenden Kirchen des Ortes und gelangen durch die zweite Straße rechts (Marqués de San Nicolás bzw. Rúa Mayor) zur ehemaligen Palastkirche **Santa María del Palacio**, deren Neubau durch den spanischen Emperador Alfons VII. an der Stelle des Königspalastes gestiftet wurde (12.–17. Jh.; gotischer Turmhelm, reiche Innenausstattung). Zwei Ecken weiter südlich überrascht uns das feingegliederte gotische Figurenportal der Kirche **San Bartolomé** (romanische Apsis) mit dem Mudéjar-Glokkenturm aus rötlichem Ziegelstein. Durch die enge Calle Herrerías kommen wir zur arkadengesäumten Plaza del Mercado, die von den barokken Zwillingstürmen der Bischofskirche **Santa María la Redonda** (15.– 18. Jh.) beherrscht wird.

Gegenüber an der Calle Portales und auf dem Weg zur Plaza El Espolón, dem Zentrum der Neustadt, gibt es eine Reihe guter Einkehrmöglichkeiten. Die urigsten Bars finden sich allerdings in der Altstadt, z. B. das hochgelobte Feinschmeckerlokal ›La Merced‹ in der Rua Mayor. Die Kirche **Santiago el Real** wurde zwischen dem 15. und 17. Jh. erbaut. Hoch über dem Portal reitet Jakobus als Matamoros, aber angetan mit dem Pilgergewand, die maurischen Glaubensfeinde nieder.

Der alte Pilgerbrunnen gegenüber der Kirche wurde erst kürzlich restauriert. Durch Straßen und Gassen, deren verwahrlosten Häusern man eine stilechte Renovierung wünschte, geht es zum **Stadttor Carlos V.** (auch Puerta del Camino genannt) hinaus in die großstädtische Weite des 20. Jh.

ZWISCHENETAPPE

Logroño–Nájera

Dauer: 8.15 Std.

Länge: 26 km

Charakter: leicht bis mittelschwer; lange Stadtpassage, streckenweise auf der gefährlichen, stark befahrenen Fernstraße

Markierung: gelbe Zeichen, blaue Hinweistafeln

Wanderkarten: S. G. d. E., Nr. 204 u. 203

Einkehrmöglichkeit: Stausee La Grajera, Navarrete, Nájera

Unterkunft: Navarrete: Refugio, ✆ 9 41-44 00 05; Gasthaus La Carioca, ✆ 9 41-44 00 06. **Nájera:** Refugio des Klosters, ✆ 9 41-36 01 02; Hotel San Fernando, ✆ 9 41-36 37 00; Camping El Ruedo, ✆ 9 41-36 01 02

Information: Nájera: C. Carmen 5, ✆ 9 41-36 16 25

Zum alten Stadttor Carlos V. hinaus und auf der Calle Marqués de Murrieta, die stadtauswärts in die N. 120/232 Richtung Burgos mündet. – Bahnüberquerung – Ca. 400 m danach an der Tankstelle und Werkstatt P. Fernández halblinks durch ein Industrieviertel weiter. – Auf Ausfallsträßlein Camino de Entrena erst Straße, dann Umgehungsstraße queren (Tunnel). Pistenweg folgen und bei Gabelung (1.10 Std.) rechts auf Stausee Pantano de Grajera zu halten. Der See wird über die Staumauer nach rechts stets ufernah umgangen (rechts ein Ausflugsrestaurant). Eine Antenne dient der weiteren Orientierung. Kurz dahinter (2.30 Std.); bei Nebenstraße von rechts halblinks Hauptwegrichtung halten, bei nächster Gabelung nach 500 m rechts aufwärts neben Tankstelle auf die N. 120 (3 Std.). Diese links und auf linker Seite ca. 500 m entlanggehen, dann Straßenzweig links folgen. Nach 400 m markierter Pistenweg nach rechts, auf Autobahnbrücke (3.45 Std.) über A 68 hinweg in gerader Linie auf das nahe Navarette zu. – N. 120/232 kreuzen (3.15 Std.) und auf der Hauptstraße durch den alten Ortskern (4 Std. bis Zentrum) zurück zur N. 120/232. Am Friedhof (4 Std.; das romanische Friedhofsportal war einst der Zugang zu einem Johanniterhospiz) – vorbei und knapp 400 m weiter halblinks markiertem Feldweg folgen (etwas länger als Straßenpassage, aber ruhiger!), der im Bogen wieder an die N. 120 (5 Std.) heranführt. N. 120 bis kurz vor km 16, dann an einem blauen Jakobswegschild (5.30 Std.) halblinks weiter. – Nach ca. 1 km kreuzt die Landstraße nach Ventosa. – Zwei Linksabzweigungen passieren und unterhalb der links gelegenen Anhöhe von San Antón vorbei; einst gewährte hier ein Kloster den Pilgern Zuflucht vor Räubern – N. 120/232 (überqueren und parallel zur Straße zwischen den Höhenzügen weiter. – Links der Poyo de Roldán (7.15 Std.). – Eine Asphaltstraße kreuzt den Weg . – Ca. 1,2 km parallel zur N. 120. – Im Gewerbegebiet von Nájera Umgehungsstraße überqueren (8 Std.) und halblinks zum Ortszentrum. – Jenseits der Brücke über das Flüßchen Najerilla heben sich links die hohen Mauern des einst navarrischen Königsklosters Santa María la Real vor roten Sandsteinfelsen ab (8.15 Std.).

Santa María la Real

Die Klosteranlage Santa María la Real in Nájera wurde Mitte des 11. Jh. von García III. gestiftet und dem ersten spanischen Ritterorden ›de la Terraza‹ zur Pilgerbetreuung und zur Bestattung der Königsfamilie (Panteón) übergeben. Der König war seinem Jagdfalken einst in eine Höhle nahe des heutigen Klosters gefolgt und fand ihn dort friedlich mit einem Rebhuhn vor einer Marienstatue, die seitdem als Gnadenbild verehrt wird. Im 15./16. Jh. wurden die Gebäude erneuert. Damals entstanden auch das spätgotische Chorgestühl sowie der platereske Kreuzgang. Die Königsgruft beherbergt einige kunstvoll gearbeitete Sarkophage.

Landschaft in der Rioja

Tour 14

Durch ›Gottes Weingärten‹

Von Nájera nach Santo Domingo de la Calzada

Auf dieser Wanderung läßt sich überzeugend nachvollziehen, daß die Rioja eines der großen Gemüseanbaugebiete Spaniens ist, vor allem aber eine gepflegte Weinlandschaft zu bieten hat.

DIE WANDERUNG IN KÜRZE

++ Anspruch

7.30 Std. Gehzeit

21 km Länge

Charakter: mittelschwer; einige Steigungen, kein Wetterschutz; Feldwege, Traktorpisten und Asphaltstrecken

Markierung: blaue Europaschilder, Hinweistafeln, gelbe Zeichen

Ausrüstung: Tagesproviant

Wanderkarten: S. G. d. E., Nr. 203 u. 202

Einkehrmöglichkeiten: Azofra, Santo Domingo

Unterkunft: Azofra: Refugio (von Mitgliedern der St. Jakobus-Gesellschaft in Aachen eingerichtet), ✆ 9 41-37 90 63. **Santo Domingo:** Refugio, ✆ 9 41-34 33 90; Hotels aller Preisklassen (z. B. Parador-Hotel, ✆ 9 41-43 03 00). Camping: ✆ 9 41-34 28 04 (5 km nördl. von Santo Domingo in Bañares)

Information: Santo Domingo: C. Mayor, ✆ 9 41-34 33 34

Fiesta: Santo Domingo (11./12. Mai; Brot und Wein des hl. Dominikus)

Auf der **Calle Costanilla** verlassen wir **Nájera**, wobei der Klosterkomplex rechts von uns bleibt. Vor einer großen Sportanlage zweigt rechts ein lehmiger Waldweg auf einen felsigen Paß ab (10 Min.). Kurz darauf geht es zwischen zwei neuen Hallen ins hügelige Ackerland hinab, über eine Brücke (30 Min.) auf eine Gabelung zu: Rechts an der Betonwasserleitung entlang steigt der Weg an, kreuzt einen anderen (1 Std.) und mündet abwärts auf einen asphaltierten Zubringer (1.15 Std.).

Wir erreichen **Azofra** (2 Std.), ein gepflegtes Dorf mit Refugio und Bar,

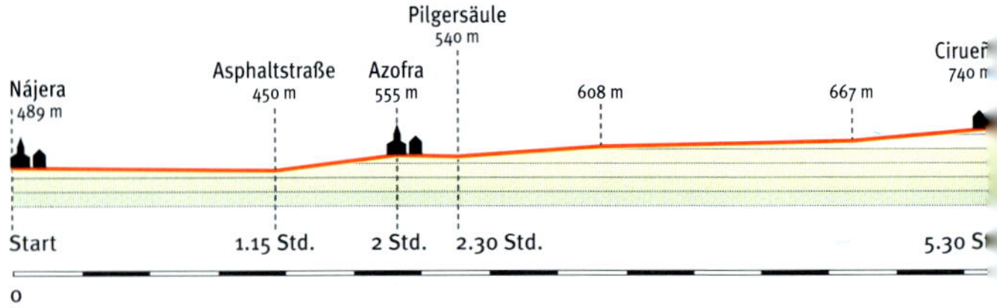

Weinlese in der Rioja

und durchqueren es hinter der Kirche. Am Ortsende folgen wir kurz rechts dem Zubringer zur N. 120, biegen dann aber kurz vor der rechts gelegenen alten Pilgerquelle **Fuente de Romeros** links auf den Camino de Santo Domingo ab. Wir passieren eine Pilgersäule (2.30 Std.), eine Querstraße und zwei Linksabzweigungen. Hinter der Bewässerungsrinne führt der Weg kurz nach rechts auf die N. 120 zu, wendet sich aber kurz vor der Straße scharf nach links (3 Std.) zwischen den Hängen hindurch. Nach Überqueren einer Asphaltstraße zieht der Weg auf den halbrechts sichtbaren höchsten Punkt zu, den wir rechts liegenlassen. Kurz danach wählen wir die linke Wegspur (3.30 Std.). Wir kreuzen in der Folge zwei Querwege und ersteigen anschließend eine Anhöhe. Von rechts stoßen zwei Wege auf unsere Route (4.15 Std.).

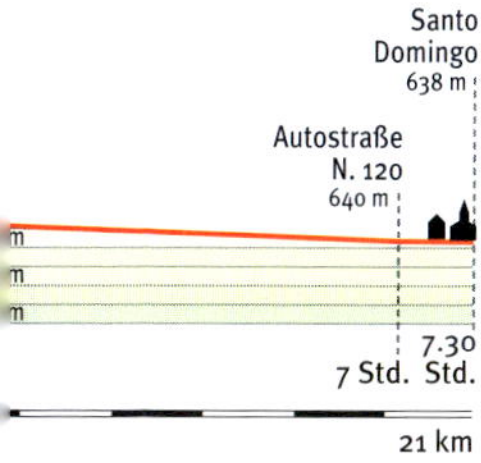

Nun geht es zwischen den Hängen in südwestlicher Richtung geradlinig aufwärts nach **Cirueña** (5.30 Std.; nicht zu verwechseln mit dem rechts nahebei liegenden Dorf Ciriñuela). Vor dem rechten Ortsrand biegen wir rechts in die Asphaltstraße ab, wählen bei der Gabelung die linke Spur und folgen dann links ca. 4,5 km einer schnurgeraden Piste zur Autostraße (7 Std.). Vor uns ragt aus dem flachen Horizont der ›schönste Barockturm der Rioja‹ heraus; der 70 m hohe Campanile der Kathedrale von **Santo Domingo de la Calzada** (18. Jh.; Besteigung möglich) weist den Weg in das verkehrsreiche Marktstädtchen (7.30 Std.).

Santo Domingo de la Calzada

In der dynamischsten Phase der Pilgerbewegung nach Compostela entwickelte sich Santo Domingo de la Calzada dank dem Wirken seines Namenspatrons rasch zu einer der beliebtesten Stationen am Weg. Der hl. Domingo, der um 1019 im nahen Vilora zur Welt kam, hatte als Mönch oder Einsiedler leben wollen. Doch die Begegnung mit verirrten Pilgern in den damals noch dichten Wäldern

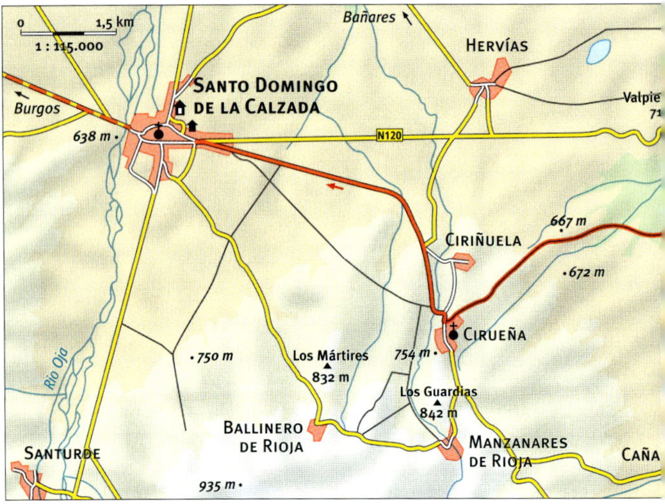

um den Río Oja ließ ihn den Wert praktischer Hilfe schätzen. Er begann Wege zu ebnen, Furten oder Brücken auszubauen, wo nötig, auch feste, gepflasterte Straßendämme (calzadas) anzulegen. König und Volk gewährten ihm dabei aktive Unterstützung. So entstand die steinerne Brücke über den Oja, und ein königliches Landhaus wurde zur Herberge umgestaltet. Bald lebte die rasch angewachsene Siedlung für die Pilger und von ihnen. Schon zu Lebzeiten des Heiligen häuften sich die Wunderberichte über ihn. Sein Beispiel diente einer Reihe von opferbereiten Zeitgenossen als Vorbild (so z. B. in Ortega und Burgos), die aber nicht seine Beliebtheit erlangen konnten.

In der Kathedrale des hl. Domingo erinnern Votivketten befreiter christlicher Gefangener und ein Stall mit einem gackernden und laut krähenden Hühnerpaar an das ausgefallene und im gesamten Abendland bekanntgewordene Wunder von Santo Domingo. Sein Hochgrab ist ebenfalls mit erbaulichen Wunderszenen dekoriert.

ZWISCHENETAPPE

Santo Domingo de la Calzada–Tosantos

Dauer: 8.30 Std.

Länge: 27 km

Charakter: mittelschwer; gefährliche Straßenpassagen an der Schnellstraße N. 120, asphaltierte Nebenstraßen, Pisten

Markierung: blaue Schilder, gelbe Zeichen,

Wanderkarten: S. G. d. E., Nr. 202 u. 201

Einkehrmöglichkeiten: Grañón, Redecilla, Castildelgado, Villamayor, Belorado, Tosantos

Unterkunft: **Redecilla:** Refugio, ✆ 9 47-58 80 78/76. **Belorado:**

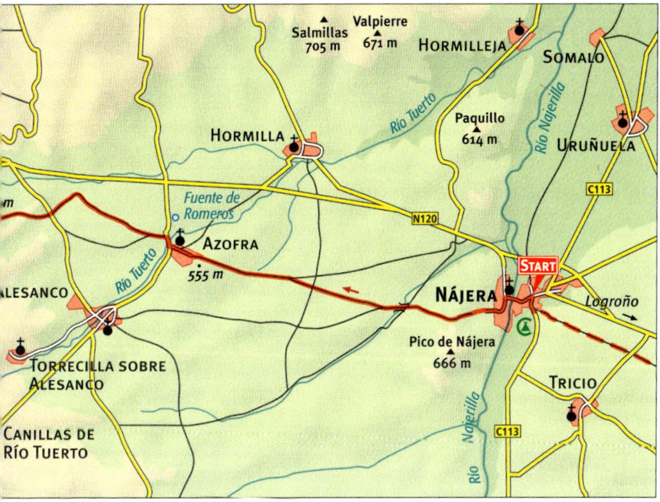

Refugio bei der Kirche Santa María, ✆ 9 47-58 00 85; mehrere Hotels (z. B. Hotel Belorado, ✆ 9 47-58 06 84)

Fiesta: Belorado: um den 8. September Fiesta Santa Maria

Von Santo Domingo an der Brücke über den Oja bis km 50 entlang der N. 120 – Links einer Piste nach Grañón folgen (1.50 Std.). – Den Ort südwestlich durchqueren und von der Weggabelung rechts auf dem Camino a Redecilla sin rodeos allmählich näher an die N. 120 und nach Redecilla (3 Std.) – Weiter auf oder neben der N. 120 nach Castildelgado. – 1 km hinter dem Ort links dem Sträßlein über Viloria (4.10 Std.) zur N. 120 folgen. – Entlang der Fernstraße über Villamayor (5.10 Std.) nach Belorado (7 Std.; altes Marktstädtchen, bis ins 11. Jh. Grenzfestung zu Navarra; Burg; Einsiedlerhöhlen; Kirchen Santa María und San Pedro; ehemalige Hospize; heute Zentrum für Lederkonfektion). – 1 km hinter der Flußbrücke am Ortseingang zwischen der Straße nach San Miguel Pedroso und der N. 120 halblinks den verwilderten Pfad nach Tosantos nehmen. – Immer unterhalb des linken Hanges zum Ziel (8.30 Std.).

Plaza Mayor in Santo Domingo de la Calzada

Tour 15

Im Bergwald von San Juan

Von Tosantos über die Oca-Berge nach San Juan de Ortega

Auf einer alten Wegroute geht es durch dichte Wälder am Rande der kastilischen Hochebene. Am idyllisch gelegenen romanischen Kloster und Pilgertreffpunkt San Juan de Ortega erwarten uns eine Herberge und klares Quellwasser.

DIE WANDERUNG IN KÜRZE

++ Anspruch

6.30 Std. Gehzeit

18 km Länge

Charakter: mittelschwer bis anstrengend; 12 km ohne Behausung, wegen der Höhenlage im Frühjahr und Herbst oft noch kalt; bei Nebel besser nicht gehen! Feld- und Waldwege, lehmige, morastige Feuerschneisen, kurze Asphaltstrecke

Markierung: blaue Schilder, gelbe Zeichen, aber z. T. schlecht zu erkennen

Ausrüstung: Tagesproviant, Wasser

Wanderkarte: S. G. d. E., Nr. 201

Einkehrmöglichkeiten: Bar/Restaurant in Villafranca, San Juan de Ortega

Unterkunft: Villafranca: Pilgerzeltlager (gut ausgestattet) und Refugio bei der Dorfkirche Santiago (im alten Hospiz). **San Juan de Ortega:** Refugio, ✆ 9 47-56 04 38

In **Tosantos** schauen wir uns zunächst die rechts im Hang gelegene Klause Virgen de la Peña an. Dann überqueren wir bei der Bar die N. 120 und folgen dem Weg Richtung Burgos, der halblinks im spitzen Winkel aus dem Ort hinaus auf das in Sichtweite gelegene Dorf **Villambistia** zuführt. An Friedhof und Kirche vorbei orientieren wir uns halblinks zur Brücke und zum Dorfbrunnen und verlassen Villambistia auf einem breiten Feldweg parallel zur Hauptstraße, die wir 25 Min. später nach **Espinosa** (1 Std.) hinein überqueren. Der Weg zieht nun die Häu-

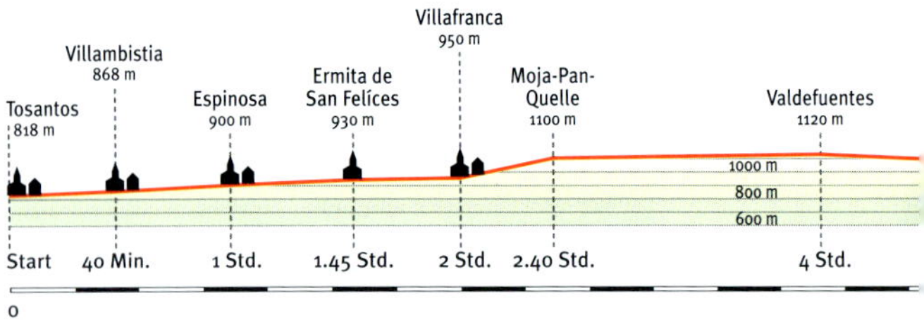

Baumginster

serzeile dicht neben der N. 120 entlang und senkt sich nach halbrechts zu einem Rinnsal, das wir über eine Brücke hinter uns lassen. Dahinter steigt der Weg wieder an und erreicht schließlich bei der Kirchenruine Ermita San Felices (früher Ruhestätte des Gründers von Burgos, Diego Porcelos, Graf der Mark Kastilien) eine breitere Trasse, die stetig halblinks zur N. 120 hinabführt.

Nach einer kurzen Asphaltstrecke stehen wir in **Villafranca de Montes de Oca** (2 Std.) vor dem Gasthaus El Pájaro. Der uralte Ort war Bischofssitz (erst 1075 nach Burgos verlegt). Angeblich hat der hl. Indalecio, ein Schüler Santiagos, hier das Christentum gepredigt. Ein Abstecher zu seiner Märtyrerstätte, hinter der Ermita de Oca an einer Quelle gelegen und vom Ortsende in 15 Min. zu erreichen (links, 2 km Asphaltstraße), lohnt auch wegen der Traumlandschaft um die Felsklamm des Río Oca, in die man weit hineinwandern kann. Am 11. Juni findet eine Prozession zur Ermita de Oca statt. Alfons III. hat schon um 884 das erste Santiagohospiz hier gestiftet, und noch heute existiert das 1380 gegründete Hospital de San Antón, wo es außer Unterkunft und guter Kost einen Aufwärmeraum für durchnäßte oder verfrorene Pilger gab. Auch hier, eine Tagesreise von Burgos entfernt, entstand – wie der Ortsname besagt – eine Ansiedlung von Fremden.

Rechts neben der Kirche verläuft der markierte Feldweg in steilem Anstieg auf die Wiesenhänge hinaus und schwenkt nach links. Nach knapp 10 Min. kommt von links ein Zubringer aus dem Dorf hinzu (2.15 Std.). Nun geht es geradlinig über den Hügelkamm aufwärts an einem

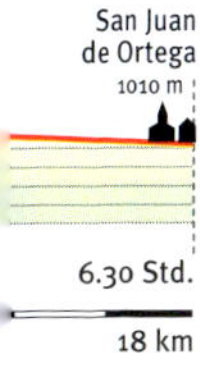

dünnen Eichenhain vorbei (links taucht das rote Dach eines Stalles auf) zur **Moja-Pan-Quelle** (2.40 Std.), deren Name besagt, daß ihr spärlich fließendes Wasser gerade zum Aufweichen des Brotes reichte.

Nach einer langen Windung (rechts – links – rechts) erreichen wir auf der Höhe das geschlossene Waldgebiet. Zwei Forstwege sind zu kreuzen, ein Gatter wird passiert, und durch typische Heidelandschaft gelangen wir auf einen breiteren Weg (3.10 Std.). Im Frühjahr leuchtet am Wegrand ein bunter Teppich niedriger Büsche und aromatischer Heidepflanzen wie Ginster, Erika, Zistrosen, Lavendel, Salbei, Walderdbeeren, Sandröschen und Wacholder. Hier hausen noch Rehe, Wildschweine und Hasen. Manchmal flattert ein Rothuhn oder eine Wachtel auf. Zwischen einem Gefallenendenkmal und dem tiefen Baugraben der neuen Schnellstraße (3.30 Std.) zieht nach Querung einer Piste geradeaus ein provisorischer Weg rasch zu einem Rinnsal hinab und dann wieder halbrechts hoch in einen feuergeschädigten Kiefernforst. Ungefähr 10 Min. später ist die breite lehmige Schneise (bei Nässe tiefer Matsch!) erreicht, der wir an den Markierungssteinen M. P. 56–61 vorbei folgen (4 Std.).

Bei M. P. 61 bietet sich links ein **Abstecher** zur an der N. 120 gelegenen **Ermita Valdefuentes** an: Das frühere Zisterzienserhospiz lag inmitten eines Quellgebiets nahe der heutigen Schnellstraße.

Eine weitere Viertelstunde hinter der Markierung M. P. 61 mündet ein zweiter Weg von Valdefuentes in die Schneise, auf der wir nun gut 1 Std. bis zu einer deutlichen Gabelung

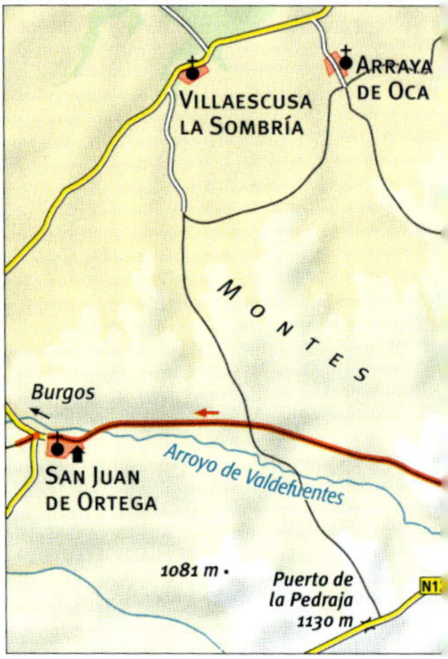

(5.30 Std.) wandern. Dort nehmen wir die linke Wegspur, die sich bald darauf zu einem Waldweg verengt und in die Talsenke zum Kloster hinabführt (6.20 Std.).

Für die Stätte **San Juan de Ortega** – von dem gleichnamigen Heiligen als sichere Zuflucht »im Dienste der Armen des Jakobswegs« in dieser Wildnis gegründet – gilt nach neuerlicher Nutzung als Pilgerherberge wieder, was der Italiener Laffi im 17. Jh. geschrieben hat: »Die Nächstenliebe ist hier noch immer lebendig.« San Juan, der mit dem Oca-Weg die Pilgerroute verkürzte und Brücken in Logroño und Nájera baute, starb 1163. Sein Grab wurde häufig von Eheleuten aufgesucht, die noch auf den männlichen Sproß warteten. Die Klosterkirche wurde als romanischer Bau noch im 12. Jh. begonnen, sie ist vor allem wegen ihrer schönen Figurenkapitelle, der Apsiden und dem alten Sarkophag sehenswert. Beachtung verdienen ebenfalls das reich verzierte Hochgrab San Juans und die Krypta.

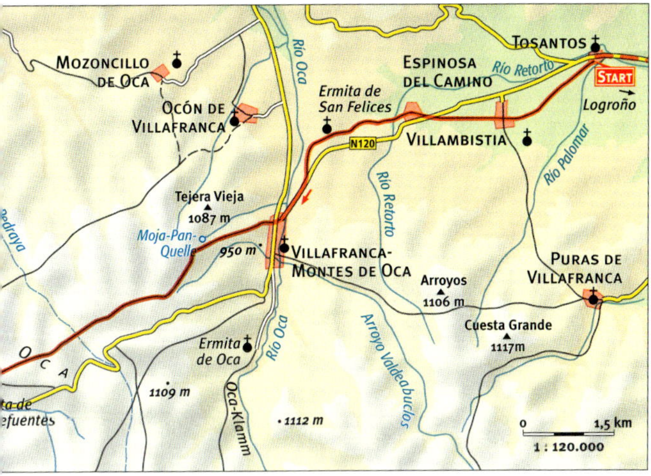

ZWISCHENETAPPE

San Juan de Ortega–Burgos

Dauer: 7.30 Std.

Länge: 23 km

Charakter: mittelschwer; leichte Steigungen; Wege, Pisten, Land- und Stadtstraßen

Wanderkarten: S. G. d. E., Nr. 201 u. 200

Einkehrmöglichkeiten: Atapuerca, Cardeñuela, Orbaneja, Villafría, Burgos

Unterkunft: Villafría, mehrere Hotels, u. a. »Buenos Aires« ✆ 9 47-48 37 79, mehrere Fernfahrerraststätten an der N. I. Burgos (s. Tour 16)

Von der Klosterkirche in San Juan de Ortega ca. 400 m dem Zubringer zur N. 120 folgen bis zu einer Straßengabelung. – Hier den mittleren markierten Waldweg nach Agés wählen. – Im Ort (1.10 Std.) rechts die Asphaltstraße nach Atapuerca aufnehmen. – Am letzten Haus von Atapuerca (2 Std.) der Markierung nach halblinks auf die Hügelkette zu. – An erster Gabelung halbrechts halten (2.15 Std.). – An zweiter Gabelung (2.30 Std.) links durch das Gatter und über den Paß hinweg. – An dritter Gabelung rechts an der Höhe (1070 m) vorbei (2.45 Std.). – Am Taleinschnitt den Weg abwärts nehmen, über zwei Querwege hinweg, und bei vierter Gabelung halblinks zwischen den Hängen auf das Dorf Cardeñuela zu (3.45 Std.; inzwischen gibt es mehrere markierte Alternativen). Durch das 3 km entfernte Orbaneja über Autobahnen und Bahnlinie hinweg ins Einzugsgebiet von Burgos. Ab Villafría (5 Std.; Hotels/Camping) geht es der verkehrsreichen N.I., später Calle Vitoria genannt, 5 km nach bis ins Zentrum von Burgos (7.30 Std.).

Kopf und Herz Kastiliens

Stadtspaziergang durch Burgos

Eine ganze Palette prachtvoller Bauwerke hält die alte Hauptstadt Kastiliens bereit. Zweimal am Tag jedoch werden ihre historischen Winkel und Plätze wie auch die gepflegten Parkanlagen am Río Arlanzón zur Kulisse für den Stadtbummel der Einheimischen.

DIE WANDERUNG IN KÜRZE

+ Anspruch

2 Std. Gehzeit

5 km Länge

Einkehrmöglichkeiten: *** Mesón del Cid, Plaza Santa María 8, ✆ 9 47-20 87 15; *** Restaurante Gaona, C. Paloma 41, ✆ 9 47-20 61 91; ** Restaurante Pinedo, Paseo Espolón 1, ✆ 9 47-20 73 55; Bars/Mesones an der Plaza A. Martínez

Unterkunft: Refugio El Parral beim Hospital del Rey, *** Hotel Corona de Castilla, C. Madrid 20, ✆ 9 47-26 21 42; *** Hotel Cordón, C. de la Puebla 6, ✆ 9 47-26 50 00; ** Hotel Conde de Miranda, C. de Miranda 4, ✆ 9 47-26 52 67. Camping Fuentes Blancas, ✆ 9 47-22 74 00 (4 km außerhalb, an der Ausfallstraße zur Cartuja Miraflores)

Verkehrsmittel: Taxistand/ Busstation, C. Conde de Miranda/Plaza de Vega (Busstation ✆ 9 47-20 55 75)

Information: Oficina de Turismo, Plaza A. Martínez 7, ✆ 9 47-20 31 25/ 20 18 46. Amigos del Camino, c/o P. Arribas Briones, Av. Gen. Yagüe 6, ✆ 9 47-27 21 05

Fiesta: Fronleichnam *(Corpillo)* in Las Huelgas; Peter und Paul (mehrere Tage um den 29. Juni)

Als Gründer von **Burgos** gilt Diego Porcelos, Graf der noch kleinen Mark Kastilien, der hier 884 freie Bauern aus dem Baskenland und mozarabische Flüchtlinge ansiedelte und den Platz zur Grenzstadt ausbaute. Burgos' Geschichte ist unlösbar mit der entscheidenden Phase der Reconquista verbunden, mit Alfons VI. und dem Cid. Erst mit dem Zurückdrängen der Mauren nach dem Jahre 1000 wagten es die Jakobspilger, ihren Weg über diesen Ort zu nehmen. Dann aber begannen diese Fremden das Straßenbild zu bestimmen, die Stadt selbst wurde zur größten und bedeutendsten Pilgerstation am Camino Francés. Das Wirken fremder Künstler und Handwerker äußert sich deutlich in der Pracht der gotischen Bischofskirche, der Vielzahl von Kirchen und Klöstern in und um Burgos.

Eine wichtige Rolle spielte bis in die frühe Neuzeit die Mesta, der übermächtige Interessenverband reicher, adliger Schafzüchter und

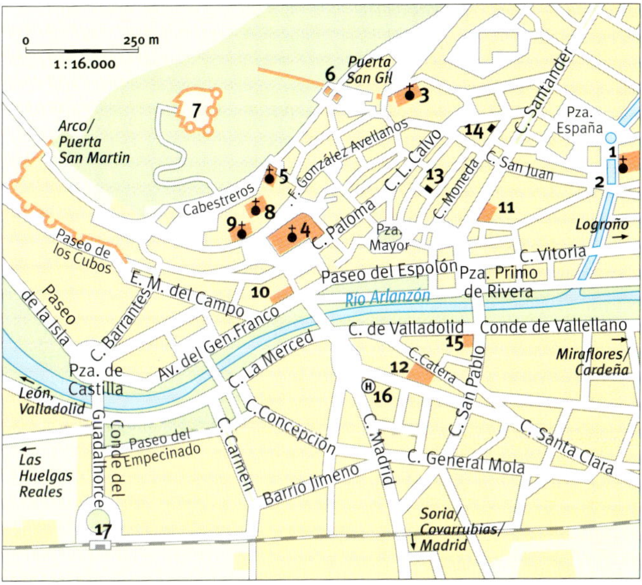

Wollproduzenten, die Burgos zum Finanzzentrum Kastiliens und zu einer der bedeutendsten Messestädte machten.

Nach Jahrhunderten der Katastrophen und des Niedergangs erlebte Burgos einen Wiederaufschwung, als Franco während des Bürgerkrieges (1936–39) hier sein Quartier aufschlug.

Auf den Spuren der mittelalterlichen Pilger beginnen wir bei der gotischen Kirche **San Lésmes** (1) aus dem 14.–16. Jh., mit dem Grabmal des aus Frankreich stammenden Schutzpatrons von Burgos, der hier vor dem Stadttor **Arco de San Juan** (2) ein Hospiz eingerichtet hatte. Dem leicht ansteigenden Straßenzug San Juan – Avellanos – Fernán González nach gelangt man unterhalb der ebenfalls gotischen **San-Gil-Kirche** (3) aus dem 14. Jh., mit spätgotischem Dreikönigsaltar, vor das hochgelegene Nordportal Puerta del Perdón der **Kathedrale** (4). Von dort kann man an der gotischen **Kirche San Esteban** (5) aus dem 14. Jh. vorbei zum mudejaren **Stadttor San Esteban** (6), 13. Jh., und zur **Burgruine** (7) des Castillo hinaufsteigen – zu Zeiten des Cid Königsschloß und Schauplatz seiner Hochzeit (gute Rundsicht).

Weiter lohnen die Kirchen **San Nicolás** (8), reichlich verziertes Alabasterretabel von Simon von Köln, isabellinisch, 1505, und **Santa Gadea/Agueda** (9), Kirche des Sühneeids Alfons VI., einen Besuch sowie das Renaissance-Tor **Arco de Santa María** (10), 16. Jh., und die **Casa del Cordón** (11), in der Philipp I. starb. Er war mit der Thronerbin von Aragón und Kastilien, Johanna der Wahnsinnigen, verheiratet, und ihr gemeinsamer Sohn wurde als spanischer König Karl I. und römisch-deutscher Kaiser Karl V. Erbe all ihrer Reiche.

Besichtigung der Kathedrale

König Ferdinand III. – anläßlich seiner Hochzeit mit der Stauferin Beatrix von Schwaben – und Burgos' Bischof Mauricio aus England entschlossen sich zu dem Monumentalbau in einer Zeit, da Kastilien endgültig zu einem europäischen Machtfaktor geworden war. Anstelle der alten Basilika Alfons' VI. entstand zwischen 1221 und 1260 die neue Kathedrale. Ergänzungen und Veränderungen erfolgten noch bis 1734 – immer nach dem jeweiligen Zeitgeschmack.

Planung und Ausführung des Kathedralenbaus sind eng verbunden mit dem abendländischen Kulturzufluß über den Camino. So konnten arabisch-maurische Dekorideen ebenso in Burgos Fuß fassen wie frühe französische und deutsche Gotik bis hin zu dem isabellinischen Ornamentstil.

Ein Rundgang um die Kirche, angefangen vom **Südportal del Sarmental** über die ebenerdige platereske **Puerta Pellejería** (nordöstlich; 1516) zur **Coronería** (Krönungsportal, nördlich; 13. Jh.) läßt die elegante Auflockerung der Baumasse durch gotische Strebepfeiler und -bogen, Fialen, Türmchen und Wasserspeier erkennen.

Die **Turmfassade** weist wegen der Zerstörung der ursprünglichen Portale zuunterst nur drei schlichte klassizistische Zugänge (18. Jh.) auf. Darüber erhebt sich die Fensterrose in Form des Davidsternes und das spitzentuchartig verfeinerte Maßwerk der Königsgalerie. Um und zwischen den filigran wirkenden Turmhelmen (15. Jh., von Hans von Köln) laufen isabellinische Zierschriftbänder.

Bei Betreten des Kirchenraums durch das **Hauptportal** fällt zuerst die wuchtige **Renaissancewand,** der *Trascoro,* auf, die den Blick auf den Hauptaltar versperrt. Sie gehört zum *Coro,* dem abgetrennten Chorbereich für Gebet und Gesang der Domherren, und ist in Spaniens Kathedralen und Stiftskirchen noch häufig zu finden.

In der Kapelle **Santo Cristo de Burgos** – vorn rechts – wird die blutüberströmte, mit Wunden übersäte Holzfigur Christi verehrt, angeblich ein Werk des Jüngers Nikodemus. Der schmerzverkrampfte Körper des Dargestellten, der, von dünnem Leder und Naturhaar bedeckt, wie lebendig wirkt, wurde seit Mitte des 15. Jh. immer häufiger Anlaß für Wunderberichte ergriffener Besucher.

Die Kapelle der **Santa Tecla** stammt aus dem Jahr 1734. Um die zentralen Figuren der frühchristlichen Märtyrerin und Santiago Matamoros sind alle geraden Linien durch spätbarocke churrigueresque Verschnörkelung und Überkrustung verwischt.

Die Kapelle der **Santa Ana** aus dem 15. Jh. beherbergt eine bischöfliche Grabstätte sowie ein hohes, buntbemaltes Altarbild (Retablo), das von Gil de Siloé und Diego de la Cruz in spätgotischer Fülle gestaltet wurde.

Die **Goldene Treppe** *(Escalera Dorada)* wurde im 16. Jh. von Diego de Siloé zum Niveau-Ausgleich zwischen Nordportal und Innenraum in streng symmetrischer Renaissance entworfen.

Der Hauptaltar der **Capilla Mayor** wird seit dem 16. Jh. durch ein hohes Renaissance-Retabel abgeschlossen, das den Marienzyklus zum Inhalt hat. Die Vierung, ein leichtes, sternförmiges Gewölbe aus Stein und Glas, konnte erst nach mehreren Korrekturen im 16. Jh. vollendet werden. Unter dieser Glorie aus himmlischem Licht und schwerelos wirkendem Stein haben Doña Jimena und

Die Kathedrale von Burgos

Don Rodrigo de Vivar, der Cid, ihre letzte Ruhestätte gefunden.

Der **Chorbereich** *(Coro)*, 16. Jh., wurde von Philipp Bigarny/Borgoña mit biblischen Szenen, Heiligenlegenden, antiken Mythen sowie lustigen, lasterhaften und abschreckenden Abbildungen ausgeschmückt, in der Mitte ruht die Holzemaille-Figur Bischof Mauricios, 13. Jh. Die Chororgeln stammen aus dem 17. bzw. 19. Jh.

Der **Chorkapellenumgang** *(Trasaltar)* stellt in fünf Reliefplatten an der

Rückseite des Hauptaltars die Passion Christi dar; die drei mittleren Bilder sind von Philipp Bigarny, 16. Jh., die äußeren von Alonso de los Ríos, 17. Jh. Gegenüber liegt die **Santiago-Kapelle,** die zeitweise als Museum genutzt wird.

Die prächtige **Grabkapelle des Kronfeldherrn** *(Capilla del Condestable)* Pedro Hernandéz de Velasco und seiner Frau Doña Mencia wurde 1482 von Simon von Köln über einem unregelmäßig sechseckigen Grundriß geplant und durch genial ausgeklügelte Statik in ein achtzackiges, verglastes Sternengewölbe überführt. Im Nebenraum kann man das verdeckt gehaltene Bild der Sünderin Maria Magdalena besichtigen, angeblich von Leonardo da Vinci gemalt.

Der **Kreuzgang** (13./14. Jh.): Im Vorraum steht noch ein alter brasero, ein bronzenes Kohlebecken zum Entzünden von Rauchfässern und zum Aufwärmen. Dem Uhrzeigersinn folgend gelangt man zunächst zur Kapelle **San Juan Bautista** (wertvolle Wandteppiche, liturgische Geräte, Reliquiarien), dann zur Kapelle **Santa Catalina** (alte Handschriften und Bücher). Die **Corpus-Christi-Kapelle** hütet u. a. das romanische Grab Mudarras, des Rächers der Infanten von Lara, und die berühmte Truhe des Cid, die dieser mit der Versicherung, sie enthalte Silbergefäße, seinen jüdischen Geldgebern als Pfand ließ. Als der Held zurückkehrte, öffnete er die Truhe: sie enthielt nichts als Sand!

Dahinter liegt der prunkvoll mit getäfelter, mudejarer Holzdecke, Wandteppichen und flämisch-kastilischen Gemälden ausgestattete **Ratssaal der Domherren.** Im Nordwestteil des Kreuzganges fällt die anmutige Figurengruppe eines Königspaares auf. Vermutlich sind es Ferdinand III. und Beatrix von Schwaben, die Eltern Alfons' des Weisen.

ZWISCHENETAPPE

Burgos–Rabé del las Calzadas

Dauer: 3.15 Std.

Länge: 11 km

Charakter: einfach; Straßenpassagen, Feldwege

Markierung: gelbe Zeichen

Wanderkarte: S. G. d. E., Nr. 200

Einkehrmöglichkeiten/Unterkunft: Refugio in Tardajos

Oberhalb der Kathedrale und der Kirche San Nicolás den Straßen Cabestreros, Doña Jimena, Emperador und Villalón folgen und über die Puente Malatos das Zentrum von Burgos verlassen. – Hinter der Brücke gleich rechts am Arlanzón entlang bis zur nächsten Brücke. – Halblinks weiter auf der N. 120/620 Richtung León/Valladolid am Hospital del Rey vorbei (30 Min.). – 500 m hinter der Bahnunterführung rechts auf einen großen Parkplatz zu und diesen nach links der Länge nach durchqueren (50 Min.). – Zunächst einem Sträßlein, dann einer Piste am Fluß entlang folgen, die Bahn überqueren und vor dem zweiten Bahnstrang und dem links gelegenen Ort Villalbilla (1.50 Std.) nach rechts wenden. – An der nächsten Gabelung linke Spur wählen. – Hinter der Brücke über den Arlanzón scharf links auf die N. 120. – Der Straße ca. 2,5 km bis zum Ortsende von Tardajos (2.45 Std.) folgen. – Links Nebenstraße nach Rabé de las Calzadas einschlagen (3.15 Std.).

Durchs ›Ohnebaumland‹

Von Rabé de las Calzadas nach Castrojeriz

Karges Ackerland dominiert hinter Burgos die herbe Landschaft der kastilischen Hochebene. Hier wird jeder Baum zum Ereignis, Schutz vor Wind und Wetter sucht man meist vergeblich. Die Erinnerungen an die alte Wallfahrtsroute leben in den Namen der Dörfer fort.

DIE WANDERUNG IN KÜRZE

++ Anspruch

8.30 Std. Gehzeit

28 km Länge

Charakter: lange, aber einfache Etappe; Feldwege und Pisten mit nur geringen Anstiegen; allerdings wenig Schatten unterwegs

Markierung: schwarze und gelbe Zeichen

Ausrüstung: Tagesproviant

Wanderkarten: S. G. d. E., Nr. 200, 199 u. 237

Einkehrmöglichkeiten: nur in Castrojeriz (unterwegs keine)

Unterkunft: Refugios in Hornillas und Hontanas. **Castrojeriz:** Refugio, ✆ 947-37 70 34, c/o Vicente Lanchares; Hostal Mesón, ✆ 947-37 74 00; Camping: Camino de Santiago, ✆ 947-37 72 55

Fiesta: Castrojeriz: San Juan (24. Juni)

Links von Kirche und Brunnen führt die lange Dorfstraße von **Rabé de las Calzadas** zum Friedhof hinaus und dort an der Dreiergabelung auf der mittleren Spur halbrechts weiter. An der nächsten Abzweigung weist das Schild links nach ›Santiago‹. Ein Rinnsal wird überquert, und der Weg steigt dicht am linken Hang entlang, bevor er sich nach rechts wendet. Zweimal folgen wir nun der rechten Wegspur, bis das Schild an den nächsten beiden Abzweigungen nach links zeigt. Mit Erreichen der Hochfläche (1.20 Std., freier Rundblick) kreuzen wir einen Weg und halten uns bei der folgenden Gabelung rechts. Eine geschützte Senke ist links unterhalb zu sehen. Nach einem paßartigen Wegstück taucht unten schon Hornillos auf. Unser Weg mündet auf eine feste Erdstraße (2 Std.), quert die Asphaltstraße (Verbindung zur Hauptstraße N. 120, 5 km rechts) und erreicht die

Erfrischung am Brunnen in Rabé de las Calzadas

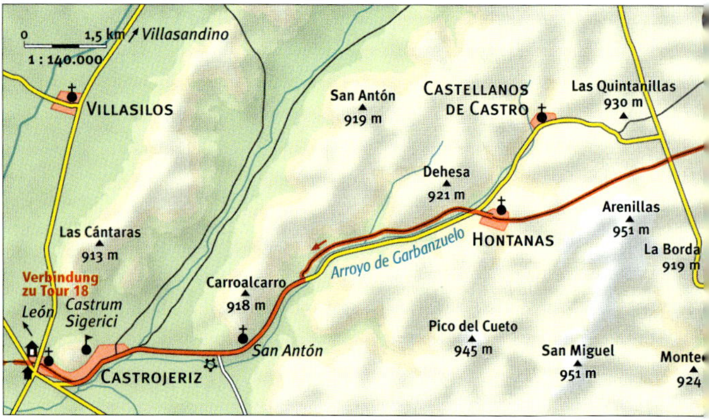

ersten Häuser des flach gelegenen Straßendorfs.

Hornillos del Camino (alte Mühle; ehemaliges Hospiz Sancti Spiritus) wird von einer mächtigen Kirche beherrscht. Am Ende der schnurgeraden Dorfstraße, genannt Camino Real, halten wir uns ganz rechts (2.40 Std.). Hier draußen kümmerte man sich in einem Lazarushaus um die Aussätzigen. Bauern haben ihre Bodegas in die Hänge gegraben. Bald verlassen wir den Hauptweg links aufwärts, passieren zwei linke Abzweigungen und gehen talwärts zu einer Bachrinne hinab. Halblinks geht es nun auf die nächste Anhöhe hinauf, wo eine Piste überquert wird. An einer Gabelung wählen wir die rechte Spur, kreuzen erneut einen Weg und bleiben rechts. Nach einer weiteren Kreuzung senkt sich das Land zur Bachaue des Sambol (4.40 Std.).

In dieser einsamen Gegend, wo jetzt wieder eine einfache Pilgerschlafstätte (Schlafsack erforderlich) eingerichtet ist, wurde einst das Antoniterhospiz unterhalten. Zwischen breiten Schafpferchen hindurch geht es gerade bzw. halblinks aufwärts. Rechts erscheint eine Steineichengruppe.

Nach Überqueren der Asphaltstraße verläuft der Weg leicht nach rechts versetzt in der ursprünglichen Richtung weiter. Links sehen wir einen hohen Hügel, rechts einen weiteren Eichenhain. Über drei Querwege hinweg geht es oberhalb einer Talsenke entlang bis an den Rand dieser Hochebene. Erst zeigt sich nur eine Kirchturmspitze, dann erscheinen Taubenhäuser, Bodegas

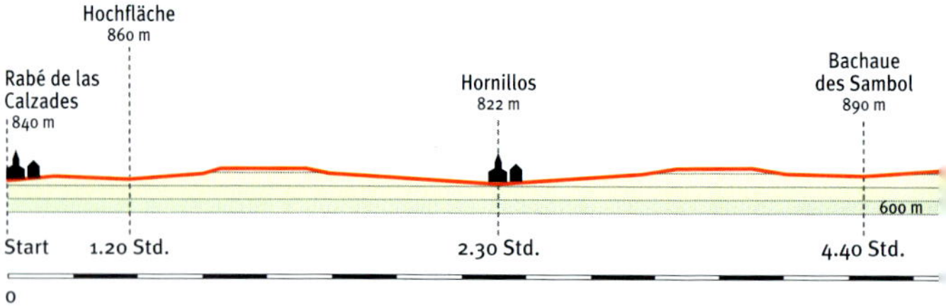

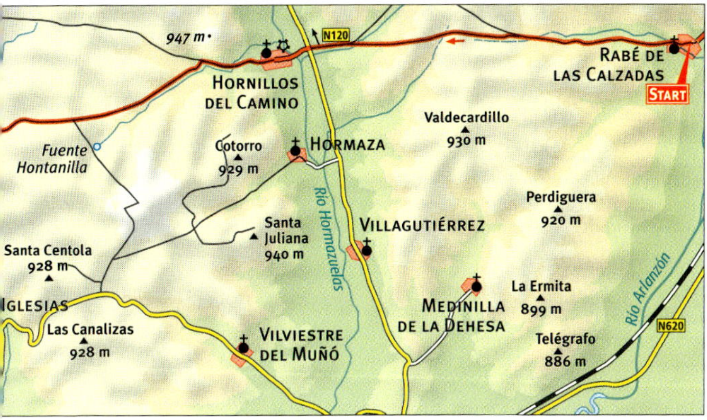

und schließlich der gesamte Ort **Hontanas** (5.50 Std.).

Am linken Ortsrand entlang geht es zur Landstraße nach Castrojeriz hinab. Ihr folgen wir kaum 200 m nach links, bevor wir rechts den Bach Garbanzuelo queren und links parallel zu Straße und Bach den Wegspuren unterhalb des Hanges nachgehen. Nach ca. 3 km kehren wir auf die Straße zurück, die unter den gotischen Bogen der Klosterruine **San Antón** (7.40 Std.) durchführt. Seit dem 12. Jh. kümmerten sich hier französische Mönche vor allem um Arme, die am Antoniusfeuer litten, einer Krankheit, die verursacht durch einen Getreidepilz schmerzhafte Verkrüppelungen hervorrief. Zur Linderung und Vorbeugung wurde unter anderem der Antoniussegen mit einem T-förmigen Kreuz erteilt. Für eilige Pilger stand in einer Wandnische stets eine Wegzehrung bereit.

Weiter der Straße nach erreichen wir bei einem malerischen Wegkreuz den Abzweig in den alten Pilgerort **Castrojeriz** (8.30 Std.). Er liegt an der Südflanke eines 900 m hohen kahlen Tafelberges, dessen Burgruine Castrum Sigerici wahrscheinlich aus der späten Westgotenzeit (8. Jh.) stammt. Außer der berühmten Stiftskirche Santa María del Manzano (13./ 18. Jh.) mit dem von Alfons dem Weisen besungenen Gnadenbild sind die Pfarrkirche Santo Domingo (mit Museum) und die wehrhafte Kirche San Juan (15. Jh.) Zeugen der früheren Größe des Ortes, der einmal über sieben Hospize verfügte. Das Hostal Mesón liegt in der Ortsmitte, 200 m vor der Kirche San Juan.

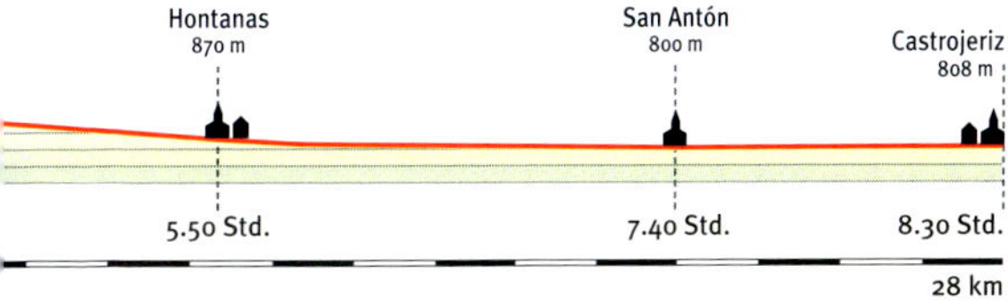

Tour 18

›Wandernde Horizonte‹

Von Castrojeriz nach Frómista

Wüstenhafte Weite und graugelbe Farbtöne bestimmen hier die Landschaft. Entfernungen lassen sich nur schwer abschätzen, und die lehmfarbenen, bescheidenen Dörfer am Horizont könnte man ohne ihre überdimensionalen Kirchen leicht übersehen.

DIE WANDERUNG IN KÜRZE

++
Anspruch

8 Std.
Gehzeit

24 km
Länge

Charakter: mittelschwer; gute Pisten und Feldwege sowie Dorfstraßen

Markierung: gelbe Zeichen, seltener Schilder und Steine

Ausrüstung: Tagesproviant

Wanderkarten: S. G. d. E., Nr. 237 u. 236

Einkehrmöglichkeiten: Fuente del Piojo (nur Wasser), Ermita San Nicolas, Itero de la Vega, Boadilla, Frómista (z. B. Los Palmeros, ✆ 9 79-81 00 67; gute Küche)

Unterkunft: Refugios in Itero e la Vega und Boadilla. **Frómista:** Refugio, ✆ 9 79-81 00 01; Hostal Camino de Santiago, ✆ 9 79-81 00 53; Pensión Marisa, ✆ 9 79-81 00 23

Information: Frómista: Paseo Central, ✆ 9 79-81 00 59

Fiestas: Frómista: San Telmo (So nach Ostern); Marienfest (8. Sept.)

An der Kirche **San Juan** in **Castrojeriz** vorbei folgen wir den gelben Zeichen, überqueren zwei Ausfallstraßen und erreichen an hohen Pappeln vorbei einen breiten Pistenweg, der in gerader Linie auf einen langgestreckten Bergrücken zuführt. Bei der Steigung verläuft der Weg nun halblinks in einer stark ausgewaschenen Spur auf ein weithin sichtbares modernes Monument zu. Dort ist die Höhe erreicht (1 Std.), von der

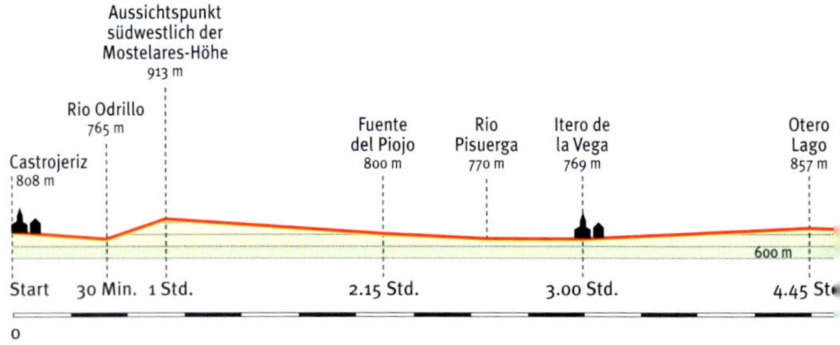

sich ein großartiger Rundblick über die unterschiedlich schattierten Ackerflächen bis nach Castrójeriz bietet. Nach Überqueren der flachen Hügelkuppe liegt graugelbes weites Land zu unseren Füßen. Bei guter Sicht erkennt man die grüne Linie des Río Pisuerga und links die Steinbrücke Puente Fitero. Wieder halblinks geht es rasch den verwilderten Hang hinab vorbei an einer versiegten Quelle ins wogende Getreidemeer. Stellenweise verengt sich der Weg durch ausufernde Saat. Feldblumen wie Leinblatt, Wildgladiolen und – im Hochsommer – auch übermannshohe prächtige Disteln säumen den Ackerrain.

Nach zwei Querwegen kommt eine Gabelung. Wir nehmen die unscheinbare Wegspur halblinks abwärts. Der Weg verbreitert sich, erreicht die Pilgerquelle **Fuente del Piojo** (= Läusequelle; 2.15 Std.) und eine asphaltierte Traktorstraße. Dieser folgen wir rechts aufwärts, bis links ein Weg an der **Ermita de San Nicolas** (restaurierte Ruine eines Zisterzienserhospizes, Einkehrmöglichkeit/ Refugio für Pilger) vorbei zu der von Alfons VI. gestifteten Puente Fitero (11. Jh.) über den Río Pisuerga führt. Rechts ist der Kirchturm von **Itero del Castillo** sichtbar.

Unmittelbar hinter der Brücke beginnt die Provinz Palencia. Hier trennt sich unser Weg von der Straße halbrechts auf den Ort **Itero de la Vega** zu (Ermita de la Piedad, 13. Jh., Taubenhäuser; 3.30 Std.). Wir orientieren uns links zur Dorfkirche San Pedro hin, hinter der unser Weg nach links zur asphaltierten Zubringerstraße des Dorfes abknickt, eine Fernstraße überquert und an einer großen Scheune vorbei als breite Piste weiterläuft.

An einem **Bodegahang** (4 Std., zur Linken) vorbei, wandern wir geradeaus leicht aufwärts über eine Kanalbrücke. Dann verläuft der Weg in einer langen Rechts-Links-Kurve zwischen hohen Hängen auf eine Art Paß zu, senkt sich langsam zum Dorf hin und überquert zuletzt einen Kanal. Unweit der Marienkirche (15./ 16. Jh., romanisches Taufbecken; 6.15 Std.) steht die berühmte gotische Gerichtssäule/*Rollo* von **Boadilla del Camino.**

Wir verlassen den Ort nach rechts an der Bar vorbei auf einem breiten, pistenartigen Weg und wählen an der nahen Gabelung die linke Spur. Eine Bewässerungsrinne wird überquert, und dann zieht unser Weg nach links entlang der Böschung eines großen Kanals (Canal de Castilla), der im 18. Jh. für Getreidetransporte in den Norden geplant wurde, aber unvollendet heute als Hauptbewässerungsader der Region

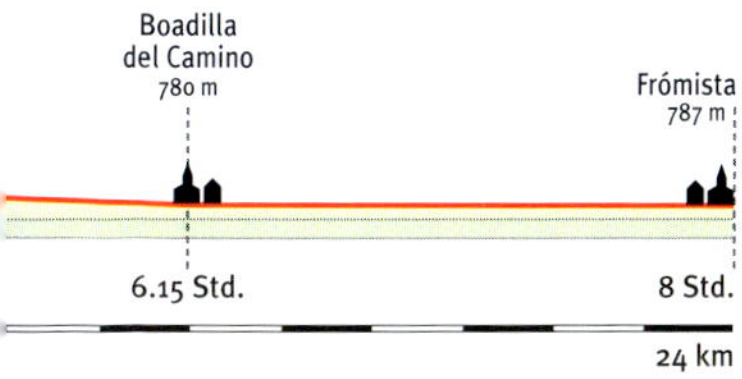

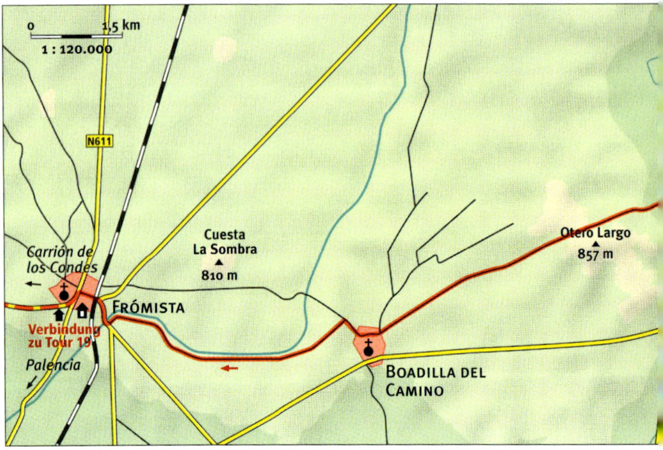

dient. Über mehrere Wasserrinnen hinweg gelangen wir nach ca. 3 km an eine Schleuse des Kanals, die uns als Brücke zum rechts gelegenen Marktstädtchen **Frómista** dient. Nach einer Zugunterführung ist der Blick auf den Ort frei (8 Std.).

Frómista

Der Name Frómista weist auf den schon zur Römerzeit reichen Weizenanbau dieser Gegend hin (frumentum = Getreide). Am Ortseingang überraschen neben gigantischen Silos die Kaskaden des großen kastilischen Kanals. Trotz einer Handvoll interessanter historischer Gebäude (u. a. Kirche Santa María del Castillo, 15./16. Jh., mit prächtigem Altarbild), die mit dem Jakobsweg zu tun haben, fehlt dem Ort die Beschaulichkeit, zumal er von verkehrsreichen Fernstraßen zerschnitten wird. Der berühmteste Sohn des Ortes ist der Heilige Pedro González Telmo (1190–1244), der sich so sehr der Seeleute annahm, daß er von ihnen zum Schutzpatron erwählt wurde. Nach ihm wird die elektrische Erscheinung an Schiffsmasten St.-Elms-Feuer genannt.

Das Prunkstück Frómistas ist die Kirche San Martín, um 1066 von Navarras Königin Doña Mayor gestiftet, die auch die Brücke in Puente la Reina hatte erbauen lassen. Nach Entfernung unpassender Anbauten um die Jahrhundertwende kommt die Harmonie des ursprünglichen Plans wieder voll zur Geltung. Obwohl klare Verbindungen zu der Kathedrale Jacas und der Kirche San Isidoro von León besonders im Skulpturenschmuck festzustellen sind, fehlt der ehemaligen Klosterkirche die Schwere der frühen romanischen Bauten. Dazu tragen die kunstvoll abgestufte Gliederung des Baukörpers und sicher auch der helle Stein bei. Der Außendekor beschränkt sich auf Fenster- und Portalarchivolten sowie auf die 315 phantasievoll gearbeiteten steinernen Dachsparrenköpfe (Fratzen, Tiere, Dämonen u. a.). Leicht und licht wirkt auch der Innenraum, ein feierliches Gotteshaus mit drei Schiffen und einer eindrucksvollen hohen

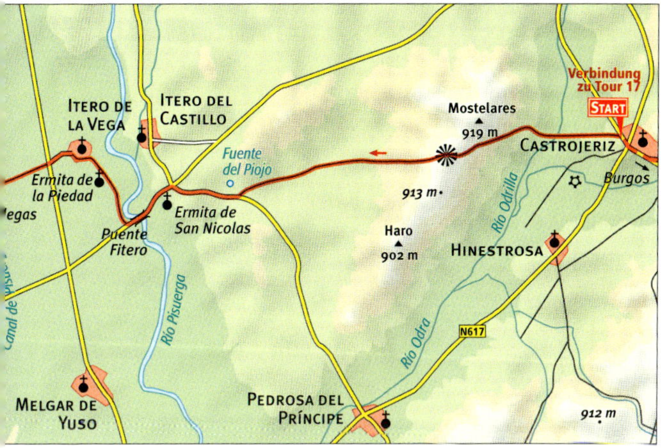

Vierungskuppel. Die Kapitelle lassen in Fabeln, Heiligenszenen und Pflanzenschmuck gelegentlich Anklänge römisch-provinzieller Steinmetzarbeit erkennen (›R‹ bezeichnet Skulpturen, deren Original ersetzt ist.).

ZWISCHENETAPPE

Frómista–Carrión de los Condes

Dauer: 6 Std.

Länge: 19 km

Charakter: einfach; knapp die Hälfte Straße, sonst Feldwege

Markierung: gelb, Europaschilder

Wanderkarten: S. G. d. E., Nr. 197, 236 u. 235

Einkehrmöglichkeiten: Villalcázar (Restaurant Mesón de Villasirga, ✆ 9 79-88 00 58; uriges Ambiente, zu empfehlen), Frómista (Restaurant Pisarrosas, ✆ 9 79-88 00 58)

Unterkunft: Refugios in Población de Campos und Villalcázar. **Carrión:** Refugio, ✆ 9 79-88 00 72; Klosterhotel San Zoilo, ✆ 9 79-88 00 50 (am Ortsende, hinter der Flußbrücke links)

Fiesta: Carrión: San Zoilo (27. Juni); Virgen de Belén (8. Sept.)

Von Frómista zurück zur Kreuzung N. 611/P. 980. – An dem Schild ›Camino de Santiago‹ rechts 3,5 km nach Población de Campos (1 Std.). – Kurz vor dem Ortsende rechts halten und auf gerader Piste parallel zur P. 980 und dem Río Ucieza bis vor Villovieco (2.20 Std.). – Vor dem Ort links und am anderen Ufer des Ucieza rechts – Villarmentero bleibt links liegen –, danach Wegbiegung zurück zum Flußufer – Am Río Ucieza bis zur einsam gelegenen Kirche Virgen del Río (3.30 Std.). Links entlang der Straße bis Villalcázar de Sirga (4.30 Std.; hochragende gotische Marienkirche aus dem 13. Jh. mit den Gräbern Philipps von Kastilien und seiner zweiten Gemahlin; Öffnungszeiten 10–13/16–18 Uhr). – Weitere 5,5 km auf der P. 980 bis Carrión de los Condes (6 Std.).

Der sinkenden Sonne hinterher

Von Carrión de los Condes nach Calzadilla de la Cueza

Inmitten der schier endlosen Tierra de Campos, von Römern und Westgoten als Kornkammer Iberiens geschätzt, scheint man auf der Stelle zu treten. Bei klarem Wetter kann man im Norden die fernen Ausläufer des kantabrischen Hochgebirges erkennen.

DIE WANDERUNG IN KÜRZE

+ Anspruch

5 Std. Gehzeit

17 km Länge

Charakter: einfach; befestigte Pisten, kurze Stücke auf Asphaltstraßen

Markierung: gelbe Zeichen

Ausrüstung: Halbtagesproviant

Wanderkarten: S. G. d. E., Nr. 197 u. 235

Einkehrmöglichkeiten: nur am Ziel

Unterkunft: **Calzadilla:** Refugio; Hostal Camino Real, ✆ 9 79-88 31 87

In **Carrión de los Condes** interessiert das Portal der Kirche Santa María del Camino (12. Jh.) Über dem Bogenfeld ist eine weitere Legende des Jakobswegs, der Jungfrauentribut, leicht abgewandelt festgehalten: Die Übergabe von vier Mädchen aus Carrión wird durch das Eingreifen wilder Stiere verhindert, welche die Mauren in die Flucht schlagen. Ebenfalls sehenswert ist die romanische Portalszene der Kirche Santiago (12. Jh.) mit einem majestätischen Pantokrator sowie vielen kleinen Nebenfiguren.

Wir verlassen den Ort in Richtung Westen auf einer alten Brücke über den Río Carrión und passieren das monumentale Kloster **San Zoilo** (Hotel und Museum). Von der Kreuzung der C. 615 mit der N. 120 nehmen wir halbrechts das Sträßlein Richtung Villotilla. Nach 4 km taucht rechts ein Gehöft auf (1.10 Std.). Die spärlichen Überreste eines traditionsreichen Augustinerkonvents

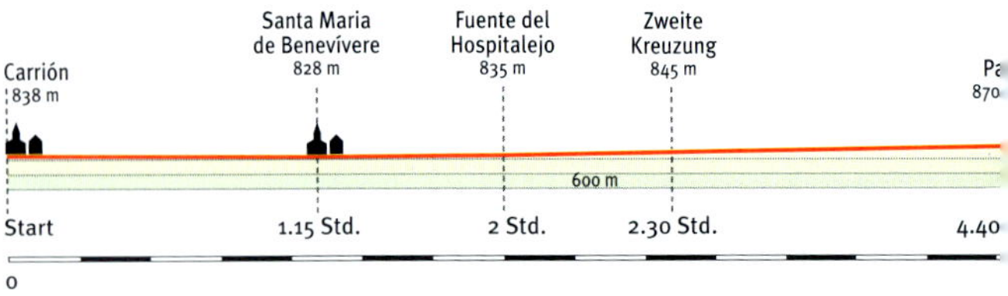

Sonnenblumenfeld in der einst als Kornkammer geschätzten Tierra de Campos

(11.–19. Jh.) mit dem klangvollen Namen **Santa María de Benevívere** wurden in die Anlage des Gutshofs integriert. Der Asphaltstraße nach überqueren wir einen Bach und verlassen sie 10 Min. später in einer scharfen Rechtskurve. Geradeaus führt unser Weg an einem weißen, niedrigen Quellhäuschen vorbei *(Fuente del Hospitalejo)*. Bei einer Pappelpflanzung und großen landwirtschaftlichen Gebäuden kreuzen wir eine Fahrstraße (2.15 Std.). Hier weist der Weg beeindruckende Spuren eines gepflasterten Dammes

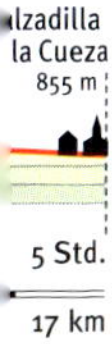

auf, das einzige Mittel gegen diesen oft schlammigen Boden.

Abgesehen von kleineren Schlenkern bleibt die Wegrichtung eindeutig gerade, Nebenwege sind nicht zu beachten. Der schönste Abschnitt beginnt beim flachen Paß (4.30 Std.), wo zwischen hohen Satteln der Blick auf eine freundlichere Landschaft frei wird – den langen Anstieg spürt man in den Beinen. Hinter der Senke tauchen sogar bewaldete Höhen auf. Der Ort **Calzadilla de la Cueza** kündigt sich durch den Turm der Friedhofskirche rechts des Weges an. Im linken Dorfabschnitt liegt der Treffpunkt, das Hotel (5 Std.).

ZWISCHENETAPPE

Calzadilla de la Cueza–Sahagún

Dauer: 7 Std.

Länge: 16 km

Anspruch: leicht

Charakter: einfach; überwiegend Feldwege, Pisten und wenig befahrene Nebenstraßen, ca. 6 km an der N. 120 entlang

Markierung: gelb, Europaschilder

Wanderkarten: S. G. d. E., Nr. 196, 197 u. 235

Einkehrmöglichkeiten: Lédigos, Terradillos, Sahagún

Unterkunft: einfache Herbergen in Ledigos und Terradillos. **Sahagún:** Refugio, ✆ 9 87-78 00 01; Benediktinerhospiz, ✆ 9 87-78 00 78; Hotel Codorníz, ✆ 9 87-78 02 76; Camping Pedro Ponce, ✆ 9 87-78 11 12 (ca. 1 km westl.)

Fiestas: Sahagún: Wallfahrt zur nahen Ermita Virgen del Puente (25. Apr.); San Juan de Sahagún (12. Juni)

Ca. 5,5 km rechts parallel zur N. 120 bis kurz vor Lédigos (1.45 Std.). – Links ca. 300 m dem Sträßlein Richtung Población de Arroyo folgen. – Dann rechts und nach 500 m links zwischen den Hängen hindurch. – An der nächsten Gabelung rechts und kurz vor Terradillos de Templarios (einst Besitz des Templerordens) wieder rechts. – Parallel zur N. 120 das Dorf durchqueren (2.30 Std.). – Links auf der P. 973 400 m Richtung Villemar. – Dann rechts auf einer Piste nach Moratinos (3.30 Std.). – Halblinks durch den Weiler und geradlinig nach San Nicolás del Real Camino (4.20 Std.). – Den Sequillo überqueren. – An den folgenden Gabelungen erst rechts, dann links und zweimal rechts allmählich näher zur N. 120 (5.30 Std.). – Nun stets entlang der Straße und kurz vor Sahagún über den Río

Valderaduey . – Weiter bis Sahagún (7 Std.) auf der N. 120 Richtung León.

Sahagún

Alfons VI. hatte das Kloster San Facundo in Sahagún zur bedeutendsten Cluniazenserabtei seines Reiches gemacht. Von hier aus erkämpften französische Mönche die Annahme des römischen Ritus in Spanien statt des traditionellen mozarabischen. Nur Renaissancebogen und Turmruine erinnern an das Kloster. Im Museum der Benediktinerinnen wird heute das Stiftergrab Alfons' VI. und seiner maurischen Frau Zaida gezeigt.

Heute ist Sahagún vor allem wegen seiner zahlreichen mudejaren Ziegelkirchen bekannt. Am besten erhalten sind die Kirchen San Tirso (12. Jh.), San Lorenzo und La Peregrina (13. Jh.), eine Franziskanerkirche mit mudejaren, geometrisch verzierten Gitterfenstern und der barocken Statue der Madonna als Pilgerin: Schon einige Jahrhunderte zuvor erzählte Alfons der Weise, daß hier die Gottesmutter in Gestalt einer Wallfahrerin verirrten Pilgern den rechten Weg gewiesen habe.

Beim Verlassen des Städtchens über den Río Cea erscheint rechts das Wäldchen der 40 000 Lanzen, dessen Entstehen nach dem ›Pseudo-Turpin‹ wie folgt erklärt wird: »Einige Christen (Krieger Karls des Großen) ... steckten ihre Lanzen ... senkrecht in den Boden. Früh am Morgen fanden manche diese mit Rinde und Laub geschmückt, nämlich die, welche in der kommenden Schlacht (gegen den Maurenfürsten Aigiolandus) die Märtyrerpalme ... empfangen sollten. Sie schnitten die Lanzen dicht über dem Boden ab, doch die Wurzeln im Boden trieben Schößlinge, und es entstanden große Wälder ...«.

Sahagún verfügt über das zentrale Studienzentrum zum Jakobsweg.

Tour 20

Auf alten Römerwegen

Von Sahagún nach El Burgo Ranero

Auf einem alten Römerweg geht es quer durch die Provinz León. Buschwald, sumpfige Niederungen und offenes Land, das nach Norden den Blick auf die ferne Silhouette der bis über 2600 m hohen Picos de Europa freigibt, folgen einander.

DIE WANDERUNG IN KÜRZE

\+ Anspruch

6 Std. Gehzeit

19 km Länge

Charakter: einfach; wenig befahrene Nebenstraßen, Sandpisten und Feldwege

Markierung: gelbe Zeichen und Pfeile; **Achtung:** zwei Varianten markiert!

Ausrüstung: Tagesproviant

Wanderkarten: S. G. d. E., Nr. 196 u. 195

Einkehrmöglichkeiten: Calzada del Coto, Calzadilla de los Hermanillos, El Burgo Ranero

Unterkunft: Refugios in Calzada del Coto, Calzadilla de los Hermanillos und El Burgo Ranero (✆ 9 87-33 01 53)

Wir verlassen **Sahagún** bei der Ruine des monumentalen Benediktinerklosters durch einen Renaissance-Torbogen und biegen rechts auf die N. 120 und die alte Bogenbrücke über den Rio Cea. Nach 5 km an der alten Fahrstraße gabelt sich der markierte Weg (1.30 Std.) in zwei Varianten: Geradeaus führt der ›Real Camino Francés‹ 32 autofreie Kilometer nach Mansilla de las Mulas.

Der zweiten Route ›Calzada del Peregrino‹, die dem Verlauf der römischen Via Traiana folgt, wird hier aber der Vorzug gegeben, da sie weniger veredelt ist und nicht so nah an der neuen Autobahn ›Autovía Camino de Santiago‹ verläuft. Mittels

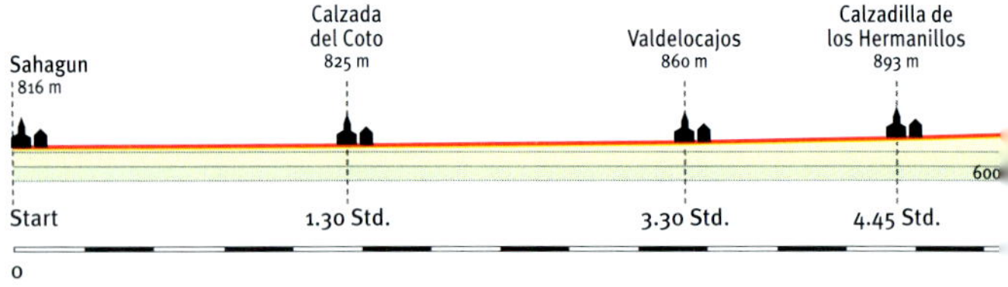

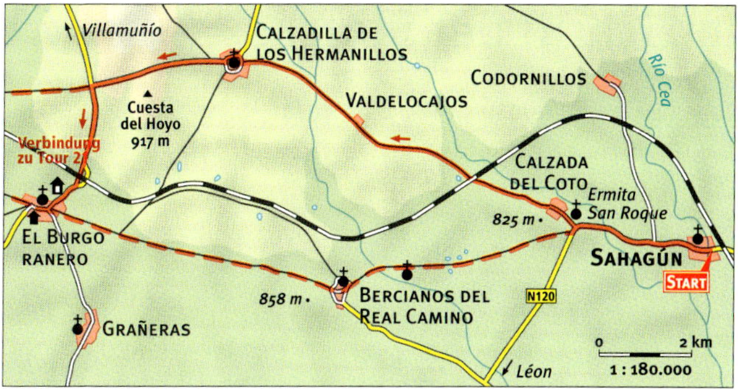

Brücke gelangen wir rechts über die breite Fahrschneise hinweg nach **Calzada del Coto** (1.30 Std.). Nach links an der Kirche vorbei durchqueren wir den Ort und passieren kurz hintereinander eine rechte (zum Fluß) und eine linke Abzweigung. Der Weg tendiert klar nach Nordwesten, quert die **Bahnlinie** (2.30 Std.) und senkt sich leicht in die Buschwaldzone um das einsame Landhaus von **Valdelocajos** (3.30 Std., dahinter neuer Rastplatz mit Brunnen). Wir gehen über ein Rinnsal hinweg, das sich zeitweise zu kleinen Teichen beiderseits der Piste aufstaut, dann verläuft der Weg in leichter Neigung nach links auf **Calzadilla de los Hermanillos** zu (4.45 Std.), einen kleinen Ort mit Trockenlehmhütten, Taubenhäusern und Storchennestern.

Mitten durch Calzadilla de los Hermanillos verläuft die Calle Real. Sie mündet in einen Asphaltzubringer, dem wir aufwärts an einer Anhöhe (links, 917 m) vorbei folgen. Ca. 3 km nach Verlassen des Ortes auf asphaltierter Trasse bei der Kreuzung setzen wir den Weg aber nicht in gerader Richtung fort, sondern planen für die Nacht eine Zwischenstation im 2 km entfernten El Burgo Ranero ein.

Dazu queren wir problemlos Bahnlinie und Autobahn nach links (Ab Burgo Ranero schwenkt diese laute Fernstraße weit weg, so daß man auch den ›Real Camino Francés‹ wieder in Ruhe und naturnah entlangwandern könnte.), um schließlich nach 6 Std. in **El Burgo Ranero** anzukommen.

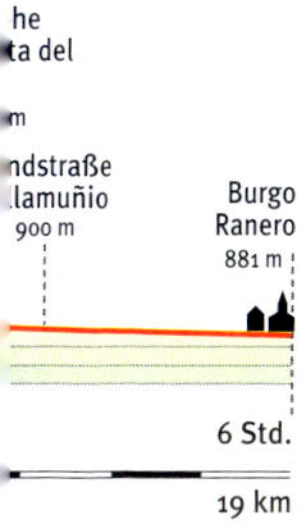

Im Schritt der Störche

Von El Burgo Ranero nach Mansilla de las Mulas

Manchmal ist der Himmel so allbeherrschend, daß man glaubt, auf der Stelle zu treten. Dann aber eine Bachaue, eine Hütte. Ein lehmfarbenes Dorf kann zur Verheißung werden.

DIE WANDERUNG IN KÜRZE

+ Anspruch

6.30 Std. Gehzeit

23 km Länge

Charakter: einfach, aber schattenlos, unterwegs lange keine Einkehrmöglichkeiten; bei Regen schwerer lehmiger Boden; kürzere Asphaltstrecken, Feldwege und Pisten

Markierung: gelbe Zeichen

Ausrüstung: Wasser und Proviant auf 5–7 Std. bemessen; Sonnen- und Regenschutz

Wanderkarten: S. G. d. E., Nr. 195 u. 196

Einkehrmöglichkeiten: erst nach 5 Std. in Reliegos und am Ziel

Unterkunft: Reliegos: Refugio. **Mansilla:** Refugio, ✆ 987-31 01 38; Hostal La Estrella, ✆ 9 87-31 02 18; Camping Esla, ✆ 9 87-31 00 89 (5 km westl., nur im Sommer)

Fiesta: Mansilla: Marienfest (15./16. Sept.)

Von **El Burgo Ranero** geht es 2 km zurück Richtung Calzadilla de los Hermanillos. Wir nehmen an der Kreuzung links (40 Min.) den Römerweg ›Calzada del Peregrino‹ wieder auf. Auf flachen Brücken (1.30 Std.) durchquert unser Feldweg nun eine Zone, in der sich vom Winter ins Frühjahr hinein Tümpel und Teiche bilden, ein Paradies für Zugvögel und die vielen Störche der Provinz León. Durch hügeliges Gelände zieht der Weg in einem großen Bogen nach halblinks, und schließlich kommen wir bei dem verlassenen **Stationshaus von Villamarco**

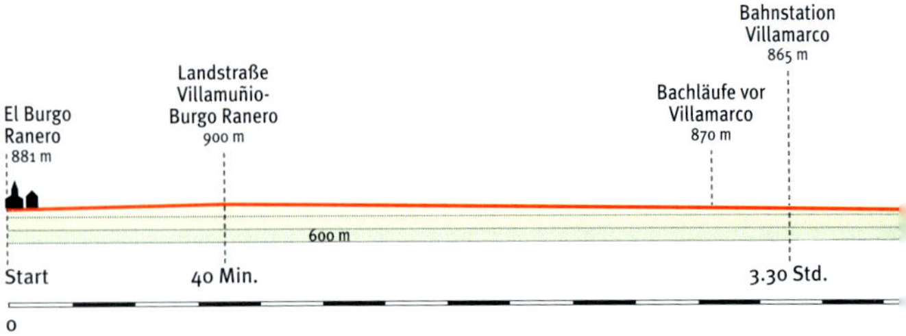

Störchen begegnet man überall auf dieser Tour

zum Bahndamm (3.30 Std.; der eigentliche Ort Villamarco liegt ca. 2,5 km weiter und ist per Zubringer zu erreichen.).

Gleich darauf entfernen wir uns wieder im spitzen Winkel halbrechts von den Gleisen (Reste der Römerstraße), durchqueren eine baumbestandene **Bachaue** (4.15 Std., rechts oberhalb Pappeln) und biegen dann auf der Höhe vor einer einsamen Schäferhütte nach links. Der markierte Weg zweigt zwar ca. 1 km vor dem nächsten Ort Reliegos rechts ab und umgeht das Dorf auf Mansilla de las Mulas (Gesamtdauer bei dieser Variante: 7.45 Std.) zu. Interessanter ist es jedoch, den Weg geradeaus ins tiefer gelegene **Reliegos** (5.15 Std.) mit der Kirchenruine und seinen von unterirdischen Bodegas durchlöcherten Hängen zu wählen. Das eher armselige Dorf läßt kaum ahnen, daß es einmal unter dem Namen Palantia Schnittpunkt von Römerstraßen war. Wir verlassen Reliegos vorbei an der Dorfbar auf geradem, festen Weg. Zuletzt überqueren wir die neue Ortsumgehung N. 601 vor Mansilla (6.15 Std.) und betreten durch den Stadtbogen Santa María die Altstadt des Marktstädt-

aue zwischen
marco und
egos
m

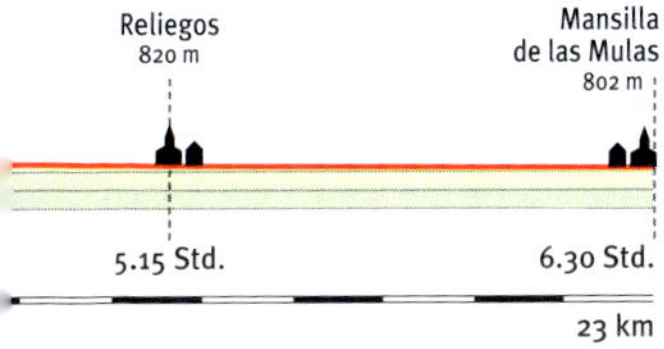

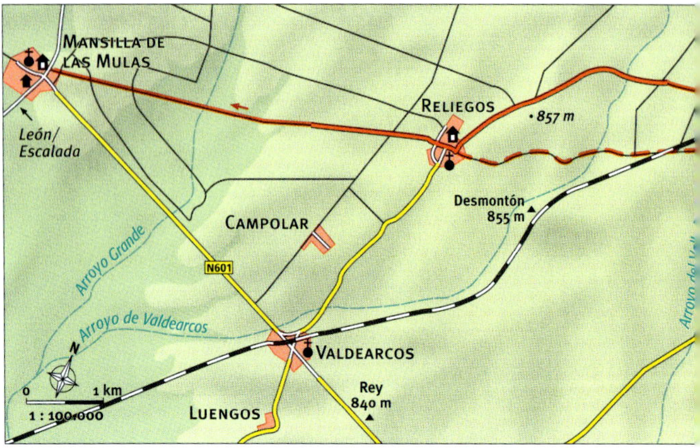

chens mit der **Plaza Mayor** (6.30 Std.). **Mansilla de las Mulas** gehört zu den alten, gut geschützten Pilgerstationen (Stadtmauer, Kirchen, Hospize), hat aber wegen der Durchgangsstraße von Valladolid nach León viel gelitten.

San Miguel de la Escalada

In Tradition einer westgotischen Michaelskirche wurde das Kloster San Miguel de la Escalada 913 von mozarabischen Mönchen aus Córdoba errichtet. Flucht bzw. Vertreibung aus dem sonst toleranten, arabischen Andalusien waren die Folge öffentlicher Schmähung des Propheten Mohammed durch fanatische Christengruppen, die so die religiösen Gefühle ihrer moslemischen Herren verletzt hatten.

Die unlängst restaurierte Kirche besteht aus drei Schiffen mit Balkendecke, dem Chorhaus und den hufeisenförmigen Apsiden, die in einen geraden, massiven Ostabschluß eingeschnitten sind. Ein anmutiger Säulengang schützt die Südflanke mit den beiden schlichten Portalen für Priester und Laien. Neben dem später angefügten romanischen Wehrturm wirkt die Halle mit den zierlichen Hufeisenbogen filigran. Im Halbdunkel des Innenraums glaubt man sich in die meditative Stimmung eines islamischen Gebetshauses versetzt. Auch hier herrscht der exakt taillierte Hufeisenbogen in Auf- und Grundriß vor.

Der Dekor ist auf die Kapitelle der recht unterschiedlichen Säulen (darunter römische und westgotische) sowie auf Zierfriese und Chorschranken reduziert. Geometrische Muster, besonders aber Tier- und Pflanzenmedaillons lassen eine überraschende Nähe zu den Reliefs von Quintanilla de las Viñas erkennen (Öffnungszeiten: täglich außer Mo. 10–13/16–18.30 Uhr. Anfahrt: Von Mansilla auf der N. 601 Richtung León. Hinter der Brücke über den Río Esla rechts auf kurvenreicher, holpriger Straße 14 km zum Kloster von Escalada. Busse: Von León 13.15/19 Uhr, zurück 7.45/14.30 Uhr).

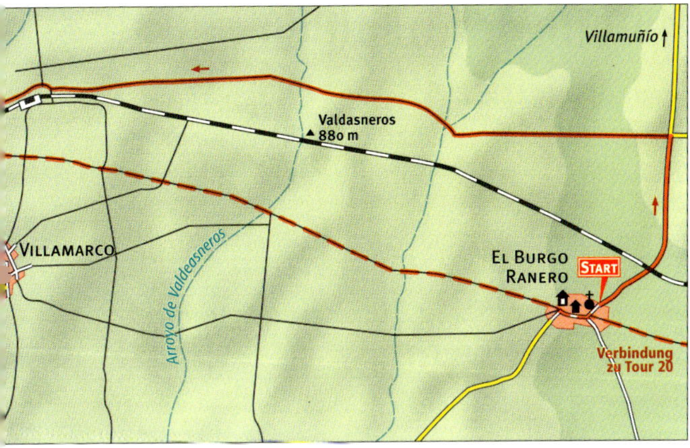

Alternativroute:

Die linke Spur des Jakobswegs, der Camino Real, führt von Sahagún auf der N. 120 ca. 150 m über die Abzweigung nach Calzada del Coto hinaus. Dann geht es rechts auf einer von Bäumen gesäumten Piste geradewegs auf Bercianos del Real Camino zu (1.25 Std.). Am Ortsende wandern wir halbrechts in Richtung Burgo Ranero (3.35 Std.). Vom Friedhof aus sind es noch ca. 13 km bis Reliegos (8 Std.), von wo beide Wege gemeinsam nach Mansilla führen (10 Std.).

ZWISCHENETAPPE

Mansilla de las Mulas–León

Dauer: 5 Std.

Länge: 16 km

Charakter: einfach; Asphaltwege, Fahrstraßen, am Schluß Stadtwanderung

Markierung: gelb

Wanderkarten: S. G. d. E., Nr. 195 u. 161

Einkehrmöglichkeiten: Villarente, Valdelafuente, Burgos

Unterkunft: León (s. Tour 22)

Mansilla auf der alten Hauptstraße über die Esla-Flußbrücke verlassen. – Ca. 3,5 km dicht neben der N. 601 (Bewässerungsrinne links) nach Villamoros (1.10 Std.). – Weiter der N. 601 über die Porma-Brücke (Badegelegenheit im Fluß) nach Villarente folgen. – Am Ortsende hinter km 315 an der Tankstelle und Bar halbrechts auf einem Parallelweg über Arcahueja (3 Std.) nach Valdelafuente. – Auf der N. 601 den unscheinbaren Portillo-Paß überwinden (3.50 Std.; links Wegkreuz, Blick auf León). – Links der Straße auf der alten Puente Castro über den Río Torío (4.40 Std.) und geradeaus auf die Türme von León zu. Geradeaus auf die Türme der Stadt zu orientieren, die über die Avenida del Alcalde Miguel Castaño betreten wird. Gleich rechts befindet sich die Kirche Santa Ana (5 Std.).

Tour 22

Hüterin der Tradition

Stadtspaziergang durch León

Die einstige Garnisonsstadt der Römer liegt, in wasserreicher Umgebung, am Rande der kastilischen Hochebene und zu Füßen des Hochgebirges. Seit dem 10. Jh. gingen von hier entscheidende Impulse zur Rückeroberung Spaniens gegen die Mauren aus.

DIE WANDERUNG IN KÜRZE

+ Anspruch

3 Std. Gehzeit

6 km Länge

Einkehrmöglichkeiten: **** Adonias Pozo, C. Santa Nonia 16, ✆ 9 87-20 67 68; **** Casa Pozo, Plaza San Marcelo 15, ✆ 9 87-22 30 39

Unterkunft: Refugio, Plaza del Grano (nur im Juli/Aug.); ***** Parador San Marcos (ehem. Hospiz), Plaza San Marcos 7, ✆ 9 87-23 73 00; **** Hotel Conde Luna, Independencia, 7, ✆ 9 87-20 65 12; * Hotel Paris, C. Generalísimo 20, ✆ 9 87-23 86 00

Information: Oficina de Turismo, Plaza de la Regla 4 (bei der Kathedrale) ✆ 9 87-23 70 82. Amigos del Camino, c/o Carmen Rivera Rodríguez, Rúa 33, ✆ 9 87-25 27 96

Fiestas: Las Cabezadas bei San Isidoro (2. So nach Ostern), Foro u Oferta/Jungfrauentribut (19. Juni oder 15. Aug.), San Juan y San Pedro (24./29. Juni)

Die römische Lagerstadt Legio, benannt nach der zwischen den Flüssen Torío und Bernesga angesiedelten siebten Legion, wurde im 10. Jh. unter Ordoño II. Königssitz, nachdem die Reconquista bereits den Duero erreicht hatte. Fast 200 Jahre lang blieb León die bedeutendste Stadt im christlichen Spanien. Die verheerende Zerstörung durch die Truppen Almanzors 988 wurde schnell bewältigt. Doch erst mit der Überführung der Gebeine des hl. Isidor 1063 begann eine Phase großer Prunkentfaltung. Alfons VII. ließ sich hier im 12. Jh. zum Imperator ausrufen, was dem Anspruch der Hoheit über alle spanischen Reiche gleichkam.

Trotz der Position am Jakobsweg gab es in **León** niemals ein so buntes Völkergemisch wie in Burgos. Vielleicht ist die Stadt deshalb spanischer geblieben als andere. Am besten erfährt man dies bei einem Bummel durch das Barrio Húmedo, das ›Feuchte Viertel‹ der Altstadt. Die Gassen und Bars zwischen der Rúa und der Plaza Mayor füllen sich allabendlich und zum samstäglichen Markt mit pulsierendem Leben. Das mondäne Geschäftsleben konzentriert sich dagegen um die Hauptachse Generalísimo Franco und Ordoño II., die zur gepflegten Parkpromenade des Bernesga hinabführt.

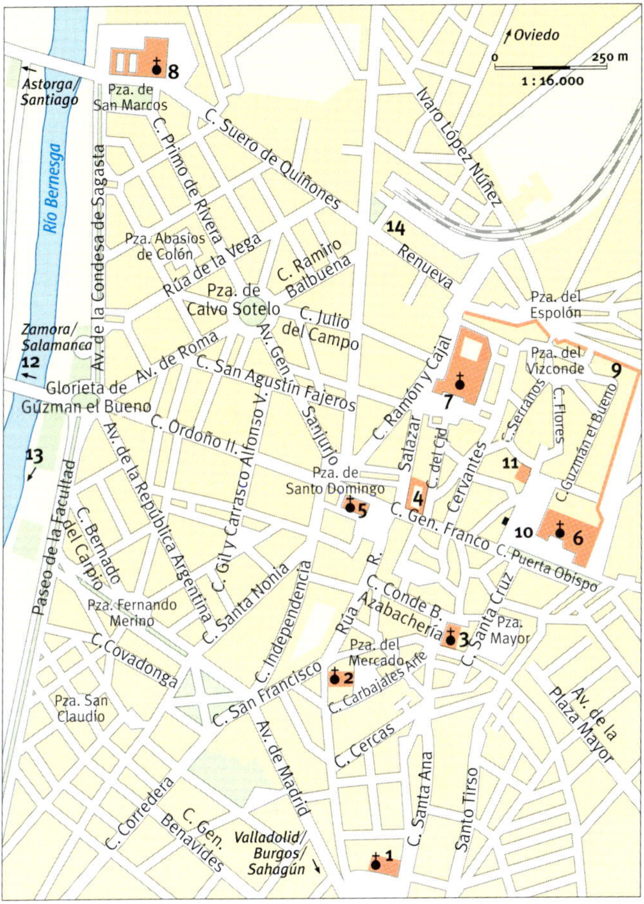

Die Pilger erreichten den Stadtrand bei der Kirche **Santa Ana** (1), ab 12. Jh., früher Grabkapelle eines Pilgerfriedhofs. Franken, Juden und Morisken versuchten hier außerhalb der Mauern Fuß zu fassen. Durch die Calle Barahona und die Puerta Moneda geht es in die Stadt zur renovierten Kirche **Santa María del Mercado** (2) aus dem 12. Jh. mit der anheimelnden kleinen Plaza del Grano. In gerader Linie führt die fränkische Rúa zur Basilika des hl. Isidor. Wir folgen aber zunächst dem Straßenzug Carbajáles – Arfe zur Kirche **San Martín** (3) und zur arkadengesäumten Plaza Mayor mit dem alten Rathaus. Hinter der Nordostecke des Platzes steht noch ein hoher mittelalterlicher Turm, der in die römische Stadtmauer eingefügt ist. Sie umfaßte ein Rechteck von ca. 550x380 m. In entgegengesetzter Richtung kommen wir über die Calle Azabachería zur Rúa zurück und zum verkehrsreichen Brunnenplatz Santo Domingo. Hier befindet sich im **Renaissancepalast** (4) der Adelsfamilie Guzmán die Provinzverwaltung und daneben das neogotische Sparkassengebäude **Casa de Botines** (Ende 19. Jh.), von Gaudí. Weiter links an der autofreien Plaza San Marcelo stehen die gleichnamige **Märtyrerkirche** (5), 12. Jh. u. später, und das Renaissancerathaus.

Die enge Avenida Generalísimo führt in wenigen Minuten zur gotischen Bischofskirche **Santa María la Regla** (6). Ein ungewöhnlich freies Blickfeld ermöglicht die volle Würdigung dieses Meisterwerkes französisch-spanischer Gotik. Aufgrund der besonders komplizierten Statik mußten immer wieder umfassende Reparaturen und Ergänzungen vorgenommen werden. Die entscheidende Rettungsaktion dauerte 40 Jahre bis ins 20. Jh. und führte zur Beseitigung einiger umliegender Gebäude. Gegen 1200 war der Plan für den Neubau der Bischofskirche aufgekommen. Sie nimmt die Stelle ein, wo früher einmal die römischen Bäder und dann eine Palastkirche Ordoños II. gestanden hatten. Doch erst Bischof Martín Fernández und Alfons der Weise trieben das Projekt durch Berufung neuer französischer Baumeister voran. Im Verlaufe des 14. Jh. wurde der Bau weitgehend beendet.

Auf den zahlreichen Fialen und Türmchen der Kathedrale sitzen an manchen Tagen Kolonien von Störchen. Das wasserreiche Umland von León ist ihr größtes Reservat in Europa.

Ein Vergleich mit der fast zeitgleichen Kathedrale von Burgos läßt erstaunliche Unterschiede erkennen, obwohl die ersten Meister an beiden Bauwerken beteiligt waren. Die ›Pulchra Leonina‹, wie diese Kirche auch genannt wird, beeindruckt durch ihren geschlossenen und schlanken Aufbau. Durch den hellen, ockerfarbenen Stein und die Fenstergeschosse wird die Schwere der noch romanischen Turmsockel gemildert. Der (rechte, höhere) Uhrturm besitzt eine durchbrochene spätgotische Haube.

Im Innern überrascht der freie Blick. Durch ein gläsernes Tor in der Coro-Rückwand kann man bis zum Hochchor der Capilla Mayor sehen. Erst so kommt die feine Gesamtkonstruktion von Gewölben und Wänden ganz zur Geltung. Das steinerne Gerüst ist auf ein Minimum reduziert, stützendes Maßwerk und riesige, bunte Glasflächen füllen die Zwischenräume. Wenige Kirchen können das reine Raumgefühl der Gotik so eindringlich vermitteln wie die Leonina. Die Öffnung des Raumes durch die Illusion von Licht und Farbe läßt das Bild vom ›Himmlischen Jerusalem‹ erstehen. Unbemessene Zeit in Stille möchte man sich hier wünschen – und eine kräftige Nachmittagssonne, die der gläsernen, farbigen Pracht Leben einhaucht. Ferner sehenswert sind der Hochaltar mit Tafelbildern, die Santiago-Kapelle sowie der Kreuzgang mit Museum.

Die romanische Anlage der **Real Basílica San Isidoro** (7) ist von verwirrenden Anbauten umgeben: Links ragt über der römischen Stadtmauer ein wuchtiger romanischer Turm auf. Darauf folgen der rote Backsteinbau der Bibliothek, die Südflanke der Basilika mit zwei Portalen und der im 16. Jh. angefügte Block des Altarraums. Im 11. Jh. war die zunächst als Vorhalle einer mozarabischen Kirche gedachte Königsgruft entstanden. Nach Isidors Überführung (1063) stiftete Königin Urraca von Zamora die heutige Basilika (1149 beendet). Die Apsis wurde um 1513 in einen hohen spätgotischen Altarraum umgestaltet. Sehenswert sind weiterhin das frühromanische Portal del Cordero und die Puerta del Perdón. Die romanischen Steinmetzarbeiten innen und außen sind zusammen mit denen Jacas, Frómistas und Compostelas die ältesten auf spanischem Boden.

Der Zugang zum **Panteón** mit den berühmten Wandmalereien erfolgt durch den Backsteinbau. Besichtigung nur mit Führung möglich! Der niedrige Raum mit Kreuzgratgewölbe wurde nach dem Tod des Stifters Ferdinand I. zur Grabstätte der Könige erklärt. Unter Ferdinand II. († 1188, Stifterbild unter der Kreuzigung) entstanden die Fresken, welche die Plünderung durch napoleonische Soldaten fast unversehrt überstanden haben (nicht erneuert, nur gereinigt und gesichert). Leichter Pinselstrich und beigefügte Texte verraten die Herkunft der Künstler aus der Buchmalerei. In spielerischer Weise setzen sie sich über die strengen Formen byzantinischer Maltradition hinweg.

Ferner sehenswert sind die vermutlich ältesten Bibelkapitelle Spaniens (um 1060, Lazarus, Daniel in der Löwengrube, Moses teilt die Fluten, Bileams Eselin) und ein westgotisches Taufbecken mit primitiven Personenreliefs. Das Museum birgt u. a. den Achatkelch Urracas und den silbernen Reliquienschrein Isidors (um 1063), von dessen ursprünglich acht Szenen die ›Bekleidung der Sünder Adam und Eva‹ eine kuriose Seltenheit ist.

Das Hostal **San Marcos** mit Museum (8) ist ein prächtiger platereske Renaissancebau, heute Luxushotel, früher Ordenshaus der Santiagoritter und Pilgerhospiz, von den Katholischen Königen gestiftet. Zu der Anlage

Auf der Plaza Mayor in León

gehört auch ein Museum mit einem mozarabischen Kreuz von Peñalba de Santiago, 10. Jh., einer ausdrucksvollen Elfenbeinfigur ›Cristo de Carrizo‹, 11. Jh., sowie römische Grabsteine mit den ältesten Zierbögen Spaniens in Hufeisenform, 3. Jh. Neben dem Hostal die mit Muscheldekor überzogene Ordenskirche.

Oviedo

Oviedo, ehemalige Königsresidenz und Hauptstadt Asturiens, ist aufgrund ihrer Bedeutung für Santiago und die Reconquista, aber ebenso wegen ihrer präromanischen Kirchen und der Hochgebirgslandschaft der Picos de Europa unbedingt einen Zweitagesausflug wert (Linienbusse ab León ca. alle 2 Std.). Die Könige von Asturien erkämpften sich von hier in 200 Jahren die Herrschaft über den Nordwesten der Iberischen Halbinsel zurück. Nicht wenig zu diesem Erfolg hatte schon im beginnenden 9. Jh. Alfons II. der Keusche beigetragen, indem er mit der Reliquiensammlung der Camara Santa und der tatkräftigen Förderung des Jakobskultes religiöse Stimmung in Kampfbegeisterung ummünzen konnte. Sehenswert: die Kirchen San Miguel del Lillo, Santa Maria del Naranco und San Julián de los Prados sowie die Camara Santa neben der Kathedrale. Für mittelalterliche Pilger war der Besuch der Reliquiensammlung ein Muß.

ZWISCHENETAPPE

León–Hospital de Orbigo

Dauer: 9 Std.

Länge: 28 km

Charakter: einfach, aber aufgrund der Länge und des teilweise starken Autoverkehrs insgesamt kräftezehrend; Straßen, Pisten parallel zur Straße

Markierung: gelb

Wanderkarten: S. G. d. E., Nr. 161, 194 u.193

Einkehrmöglichkeiten: Bars und Restaurants in fast allen Orten

Unterkunft: **Villadangos:** Refugio, ✆ 9 87-39 03 08. Hospital de Orbigo: Refugio, ✆ 9 87-38 84 44 und 9 87-38 82 50 (1992 von deutschen Jakobsfreunden im alten Pfarrhaus eingerichtet); Hotel Paso Honroso, ✆ 9 87-36 10 10; Camping Don Suero, ✆ 9 87-38 8 4 48

Fiesta: Hospital de Orbigo: San Juan (24. Juni)

Beim Hostal San Marcos in León auf einer alten Bogenbrücke über den Río Bernesga. – Rechts überwiegend parallel zur Nationalstraße bis zur Kirche Virgen del Camino (1 Std.). – Links weiter entlang der N. 120 über Valverde nach San Miguel del Camino (3.15 Std.). – Hinter km 319 auf einem Staubweg parallel zur Straße vorbei an Urbanización Camino de Santiago nach Villadangos del Páramo (5.30 Std.). – Im Ort rechts halten, den Kanal überqueren und wieder parallel zur Nationalstraße nach San Martín del Camino (6.45 Std.). – 500 m hinter km 333 halbrechts auf Puente de Orbigo zuhalten. – Auf der Steinbogenbrücke (13. Jh.) über den Río Orbigo nach Hospital de Orbigo (9 Std.; ehem. Johanniterhospiz).

Über waldige Höhen

Von Hospital de Orbigo nach Astorga

In der Waldhügellandschaft kann man endlich wieder frei von Motorenlärm den Weg genießen. Dazu bietet sich ein herrlicher Blick auf hohe Berge, auf denen noch Schneereste flimmern. Vor ihnen liegt das ummauerte Plateau des mehr als zweitausendjährigen Astorga.

DIE WANDERUNG IN KÜRZE

+ Anspruch

5 Std. Gehzeit

18 km Länge

Charakter: einfach, nur kurze Anstiege; Pisten und Wege, vereinzelt auch Straßen

Wanderkarte: S. G. d. E., Nr. 193

Einkehrmöglichkeiten: Astorga (Hotel La Peseta)

Unterkunft: San Justo: Hotel Ideal , ✆ 9 87-616681. **Astorga:** Refugio, ✆ 9 87-61 59 76, *** Hotel Gaudí ✆ 9 87-61 56 54 (beim Bischofspalast); ** Hotel La Peseta, C. Señor Ovalle 6, ✆ 9 87-61 53 00; * Pensión García, Baj. Postigo 3, ✆ 9 87-61 50 13. Camping Río Tuerto, ✆ 9 87-60 33 13 (13 km nördl. in Villamejil

Fiesta: Astorga: Santa Marta (24.–30. Aug.)

Zum Ortsende von **Hospital de Orbigo** hin überqueren wir eine Landstraße und folgen der Zeile der letzten Häuser auf eine Wegkreuzung zu. Hier peilen wir rechts das nahe Dorf **Villares de Orbigo** an. Mehrere Bewässerungsrinnen verlaufen quer zum Weg, der gerade durch den Ort (45 Min.) in eine Nebenstraße mündet. Wir halten uns links und können uns nach gut 1,5 km rechts über den Kanal auf **Santibáñez de Valdeiglesias** orientieren. In der Ortsmitte (1.30 Std.) verlassen wir die Haupt-

Bischofspalast in Astorga

straße und gehen rechts auf einem breiten Weg – erst Asphalt-, dann Erdpiste – auf eine einsame Scheune zu. Die Scheune und eine Anhöhe zur Linken, verläuft der Weg auf eine Art Paßwäldchen zu. Zuerst noch geradeaus, dann halblinks abwärts kommen wir an einer Sandgrube vorbei und queren nach links ein Hochtal mit Ackerflächen. Wir folgen der Hauptrichtung in den hintersten und niedrigsten Winkel des Hangwaldes (Eichen- und Buschwald). Dreimal wählen wir den halbrechten Pfad (Zeichen z. T. in den Bäumen, am Boden, z. T. erst hinter Gabelungen), dann im **Wald** den linken unscheinbaren (3 Std.).

Wieder geht es ins offene Feld, erneut durch ein Waldstück, bis unser Weg in eine breite Lehmpiste mündet. Dieser folgen wir nur kurz. In der ersten Linkskurve behalten wir die Richtung bei (rechte Trasse), steigen auf eine Höhe und peilen nach der nächsten Taldurchquerung den Strommast und die rote **Stallung** an. Wir passieren das Gebäude (3.20 Std.) und erreichen eine Kreuzung.

Die Sicht auf die halbrechts gelegene Stadt Astorga und die hohen Bergzüge wird zunehmend besser. Halblinks kann man in knapp 10 Min. zum alten Wegkreuz des Santo Toribio gelangen – jetzt leider zu nahe an der Schnellstraße. Unser Weg führt jedoch halbrechts den Hang hinab

zur pappelgesäumten Talaue. Von der unteren Gabelung gelangen wir links rasch zur alten N. 120, die durch eine moderne Umgehungsstrecke entlastet ist, und durchqueren auf ihr **San Justo de la Vega** (4 Std.).

Oder wir gehen geradeaus weiter und treffen erst hinter San Justo bei der Brücke über den Tuerto auf die Autostraße. Nach knapp 2 km rechts parallel zur ehemaligen N. 120 sind bei einer uralten Brücke die Vororte von Astorga erreicht. Wir folgen nun der N. 120, so daß die Stadt links von uns bleibt. Bald schon tauchen die Stadtmauer, Kathedrale und der Bischofspalast von **Astorga** in unserem Blickfeld auf (5 Std.).

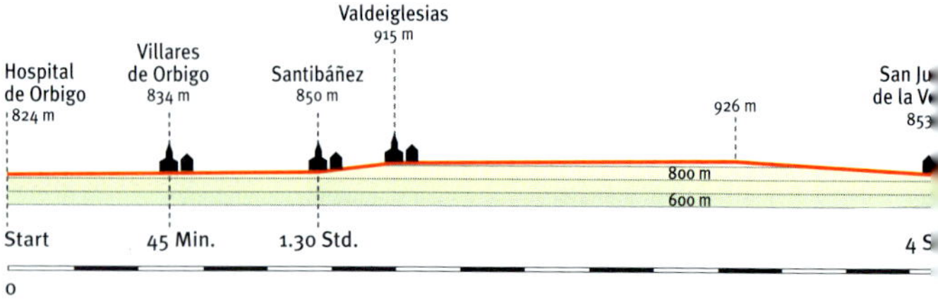

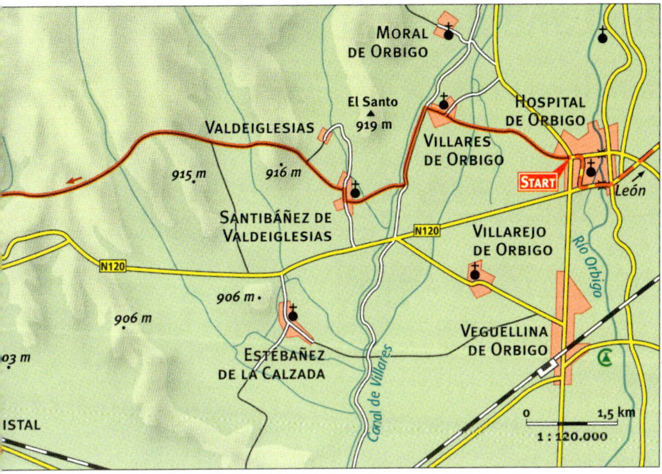

Astorga

Der durchschnittlich 850 m hohe Páramo von León ist Teil der nördlichen Meseta und war einst von Ödland oder Sümpfen bedeckt. Wasser von den Hängen der Montes de León und des Kantabrischen Gebirges staute sich hier auf, bis durch ein weitläufiges System von Kanälen die Umgestaltung in eine fruchtbare Ackerflur gelang (Mais, Gemüse, Hopfen u. a.). Zentrum der westlichen Hochebene ist der Verkehrsknotenpunkt Astorga, den seit dem Mittelalter alle Pilger und Reisenden passieren.

Die günstige Lage auf einem flachen Plateau am Schnittpunkt sechs alter Verkehrsachsen machten sich schon die keltischen Asturer zunutze. Unter den Römern wurde Astorga so stark befestigt, daß auch die Zeiten der Völkerwanderung und Maurenkämpfe nicht alle Spuren verwischen konnten. Örtlicher Tradition nach soll das Christentum bereits durch die Apostel Jakobus d. Ä. und Paulus hierhergelangt sein, die das alte Bistum begründet haben sollen.

Die große Phase begann für den Ort aber vor allem durch den Santiagokult, als hier nach Burgos die meisten Herbergen existierten. Neben den europäischen Wallfahrern fand sich dort auch der Pilgerstrom aus Spaniens Süden ein.

Die drei wichtigsten Sehenswürdigkeiten von Astorga liegen dicht beieinander: die römische Stadtmauer (3. und 13. Jh.) mit den halbrunden Türmen; die Kathedrale, 1471 nach dem Vorbild Leóns ausgerichtet, jedoch mit Renaissance- und Barockdekors zu Ende geführt, sowie der von Gaudí konstruierte, neogotische Bischofspalast.

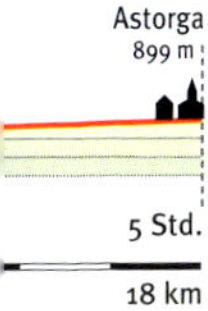

Im Land der Maragatos

Von Astorga nach Rabanal del Camino

Auf einer der schönsten Strecken des Jakobswegs geht es in eine offene, fast baumlose Berglandschaft. Im Juni leuchten Ginster, Heidekraut, Zistrosen und Lavendel, die stets kühle Luft ist erfüllt von ihrem würzigen Duft.

DIE WANDERUNG IN KÜRZE

++
Anspruch

6.30 Std.
Gehzeit

20 km
Länge

Charakter: mittel; lange Steigung, weite Strecken über Asphaltstraßen

Markierung: gelbe Zeichen, selten Hinweistafeln

Ausrüstung: Schlafsack, Tagesproviant

Wanderkarten: S. G. d. E., Nr. 193, 192

Einkehrmöglichkeiten: Castrillo de los Polvazares (Mesón Arriero, ✆ 987-61 60 21; landestypische Küche, *Cocido Maragato,* Vorbestellung ratsam), Santa Catalina, Rabanal del Camino

Unterkunft: Refugios in Murias de Rechivaldo, Santa Catalina, El Ganso und Rabanal del Camino (hier 2 Herbergen) ✆ 987-69 19 01 und ✆ 9 87-69 18 90;

In **Astorga** starten wir gegenüber der Turmseite der **Kathedrale**, weiter durch die Calle Nuñez, dann rechts durch die Calle San Pedro bis zur gleichnamigen Kirche, wo wir links abbiegen. Nach links überqueren wir die Fernstraße N. VI und folgen dem mit Santa Colomba und Castrillo ausgeschilderten Sträßlein stadtauswärts Richtung Murias de Rechivaldo, das hinter km 3 auf einem Seitenweg halblinks tangiert wird (1.30 Std.). Hier kann man weitere 2 km dicht links von der Straße bis zu dem idyllischen **Castrillo de los Polvazares** gehen (2.10 Std.). Das schönste Dorf im Maragato steht unter Denkmalschutz.

Von der Kirche aus verlassen wir den Ort nach links über eine Bachniederung. Am Friedhofsgemäuer vorbei mündet unser Weg nach 1 km

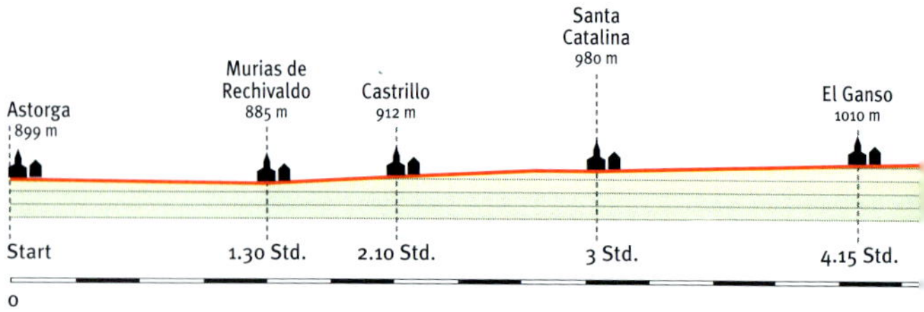

Das schönste Dorf im Maragato steht unter Denkmalschutz: Castrillo de los Polvazares

in die **Paßstraße** (2.30 Std.). Rechts geht es nun auf Asphalt schnurstracks durch die ärmlicheren Weiler **Santa Catalina** (3 Std.; im Dorf die Calle Real rechts parallel zur Paßstraße nehmen) und **El Ganso** (4.15 Std.). An der Abzweigung nach Rabanal Viejo (5.40 Std.) liegen rechts im bewaldeten Hang die Reste einer römischen Goldmine. Wegen des Erzvorkommens hatten bereits die Römer den Rabanal-Paß ausgebaut, später wurde er von den Pilgern nach Santiago genutzt. Bauern und Mönche siedelten in acht Dörfern entlang des Weges, deren Kirche und Häuserzeilen stets auf den Camino bzw. die Calle Real ausgerichtet waren. Nach dem Bau der Bahnlinie über den Manzanal-Paß verlor der Weg an Bedeutung; viele Ortschaften wurden verlassen.

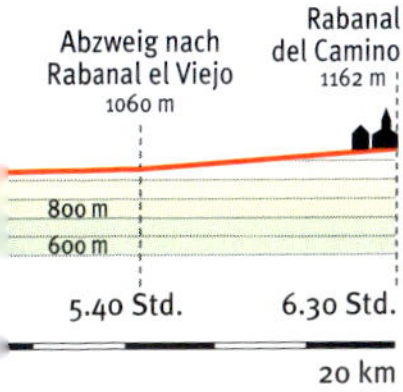

Am Ortsanfang von **Rabanal del Camino** passieren wir die Ermita del Santísimo Cristo und gelangen rechts der Durchgangsstraße auf der Calle Real vorbei an der Ermita San José zum Ortszentrum mit Kirche und der Bar (6.30 Std.)

Das Rätsel der Maragatos

In ganz Spanien waren die mit schwarzen Pluderhosen bekleideten Fuhrleute, die Maragatos, mit ihren hochbeladenen Maultierkarren bekannt und wegen ihrer Zuverlässigkeit geschätzt. Ihre Heimat war die armselige Somoza an den Hängen der schneereichen Sierra del Teleno (2185 m).

Aufgrund der ungünstigen Lebensbedingungen zu Hause hatten sie sich zunächst nur auf den Warentransport über den Rabanal-Paß, später auch auf den Fernhandel verlegt. Ihre in den Städten so fremd wirkende Erscheinung, ihre strengen

Faszinierende Berglandschaft unweit des Jakobsweges: die Medulas

Sitten und Bräuche, vor allem aber der Name Maragatos führten seit dem 19. Jh. zu ethnologischen Spekulationen. Man sah in ihnen christianisierte Abkömmlinge eines versprengten Berberstammes, ehemalige Maurensklaven (aus mauri capti), Söhne des bösen Asturerkönigs Mauregatus, die letzten Keltiberer oder ein seltsames Gemisch aus Mauren und Goten. Wahrscheinlich aber galt die Bezeichnung ihrer Tätigkeit als Händler (= *mercatores* o. ä.), zumal dieser Name erst seit dem 16. Jh. allmählich auf Land und Leute angewandt wurde.

In den Dörfern Santiago Millas (25. Juli), Val de San Lorenzo und Castrillo de los Polvazares ist an Fronleichnam/Corpus Christi und bei Hochzeiten noch etwas vom maragatischen Lokalkolorit zu spüren. Dann wird auch noch das alte Singspiel der ›Peregrina‹ vorgetragen, das von einer verlorengegangenen lieblichen Pilgergespielin handelt.

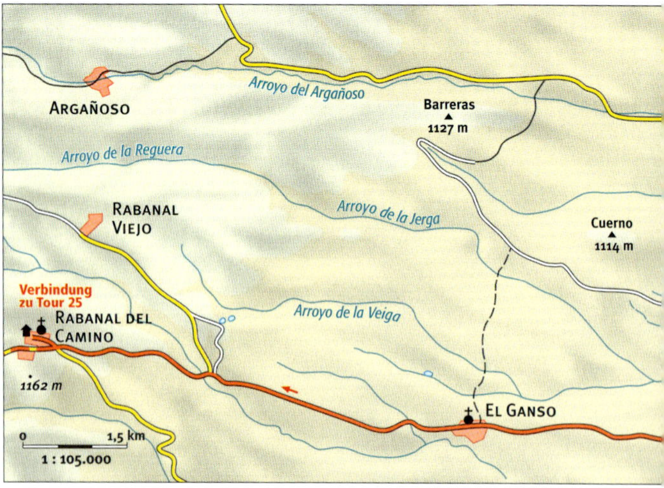

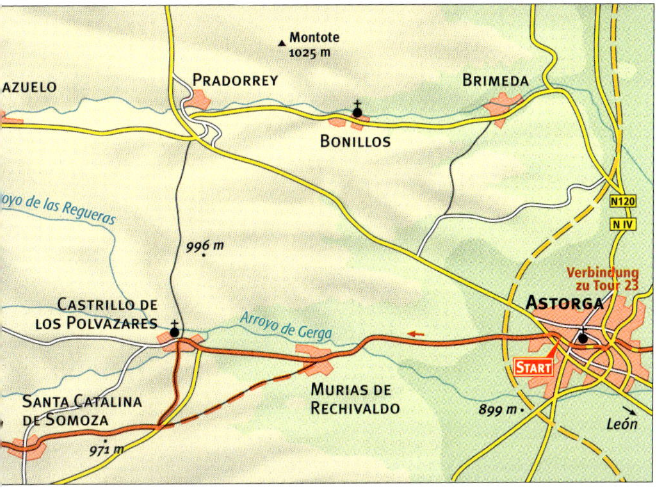
Montote
1025 m
AZUELO
PRADORREY
BRIMEDA
BONILLOS
oyo de las Regueras
996 m
N120
N IV
Verbindung
zu Tour 23
ASTORGA
CASTRILLO DE
LOS POLVAZARES
Arroyo de Gerga
START
MURIAS DE
RECHIVALDO
SANTA CATALINA
DE SOMOZA
971 m
899 m
León

Der Paß der schmalen Backen

Von Rabanal del Camino nach Molinaseca

An der Paßhöhe unter dem berühmten Pilgerkreuz Cruz de Hierro häufen sich die Steine, die Jakobspilger hier niederlegen. Tief unten, am Ende der Tagesetappe, erwartet den Wanderer ein freundlicher, grüner Landstrich, seit Römerzeiten wegen seines milden Klimas geschätzt, das Bierzo.

DIE WANDERUNG IN KÜRZE

++ Anspruch

7.30 Std. Gehzeit

900 m Abstieg

Charakter: anstrengend, kurzer Aufstieg auf eine kahle Höhe, langer, z. T. steiler Abstieg, der in die Knie geht; Pfade, Wege, kurze Straßenpassagen

Markierung: gelbe Zeichen

Ausrüstung: ausreichend Proviant und Wasser (lange Zeit keine Einkehrmöglichkeit)

Wanderkarten: S. G. d. E., Nr. 192 u. 159

Einkehrmöglichkeiten: Riego de Ambrós, Molinaseca (Mesón el Peregrino, ✆ 9 87-40 38 00)

Unterkunft: Refugios in Manjarín (sehr einfach), El Acebo und Molinaseca, ✆ 9 87-45 31 85

Hinweise: Badegelegenheit im Río Meruelo in Molinaseca

Von **Rabanal del Camino** gehen wir auf der Hauptstraße (Achtung: auf den nächsten zwanzig Kilometern gibt es lediglich zwei bescheidene Schlafstellen und einig Brunnen) bis zu dem verlassenen Ort **Foncebadón** (1.30 Std.; Brunnen), einst Paßstation mit Hospiz und sogar Schauplatz eines spanischen Konzils. In der menschenleeren Calle Real begegnet man heute höchstens noch einem Hirten. Durch den Ort kürzen wir ein Stück Straße ab, die dahinter nur noch geringfügig ansteigt. Unvermittelt ragt aus einem Steinhaufen ein knorriger Holzmast mit ei-

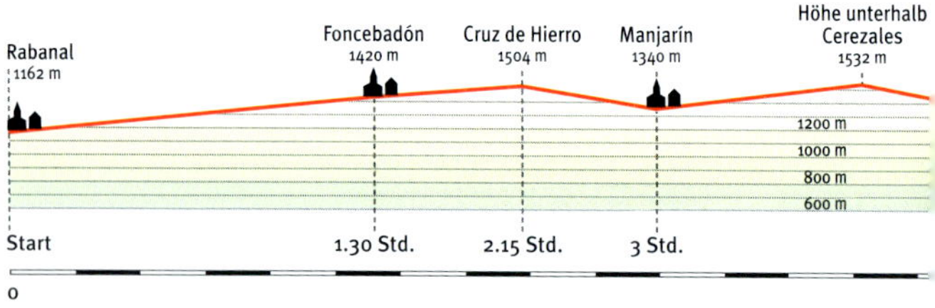

nem windschiefen Eisenkreuz in den Himmel (2.15 Std.). Es ist das beliebteste Kreuz des Camino, die **Cruz de Hierro** (1504 m). Indem die Jakobspilger hier erleichtert einen Stein niederlegen, folgen sie einem uralten Ritual, mit dem zur Römerzeit der Gott Merkur als Schützer des Weges gnädig gestimmt werden sollte.

Der Blick reicht bis zu den fernen Städten León und Astorga zurück. Vor uns zeigen weiße Dampfwolken das Kraftwerk von Ponferrada an. Links hebt sich majestätisch die Gipfellinie des Teleno-Massivs (2183 m) ab, einst Heiliger Berg des gleichnamigen asturischen Kriegsgottes. Gelegentlich glänzen in den tiefen Talsenken die Schieferdächer eines abgelegenen Ortes in der Sonne.

Von **Manjarín** (3 Std.; Brunnen) bis **Acebo** (5 Std.) verlaufen Weg und Landstraße mit Ausnahme kurzer, gelb markierter Abkürzungen gemeinsam. Eine Bar, aber auch geschmacklose Betonbauten zeigen, daß dieser kürzlich noch urwüchsige Ort bereits im Bannkreis der Zivilisation liegt. Neben dem Friedhof am Ortsende erinnert ein modernes Denkmal an den tödlichen Unfall eines deutschen Fahrradpilgers. Links führt eine steile, gut ausgebaute Straße hinunter zur 5 km entfernten, wasserbetriebenen Schmiede von Compludo, deren Alter auf 1000 Jahre geschätzt wird.

Wir gehen aber weiter, hier trennt sich der Weg nach 2 km in einer Rechtskurve von der Straße und hält links von ihr auf den Ort **Riego de Ambrós** zu (6.10 Std.). Wenige Meter hinter der Bar verlassen wir den Ort auf einem unscheinbaren Trampelpfad halbrechts abwärts, überqueren ein Rinnsal und gehen vor dem Kastanienhang gegenüber in der ursprünglichen Richtung weiter. Bei einem runden Haus erreichen wir die Straße und folgen ihr kurz, bis vor der Linkskurve der Weg halbrechts weiterführt. Nach dem nahen Mini-Paß bleiben wir zunächst am linken Hang, wechseln dann zur rechten Talseite steil abwärts und gehen in einem großen Bogen nach rechts. An verwilderten Stellen gibt es parallele Trassen, und einmal teilt sich der Weg in eine obere und eine untere Wegspur, die später wieder zusammenkommen.

In steilem Gefälle führt der Weg nach rechts auf einen Taleinschnitt mit schattigen Kastanien zu. Wir steigen kurz zum gegenüberliegenden Hang hinauf und wandern dann zur Straße hinab. Dieser folgen wir an einer Ermita vorbei und erreichen wenig später auf einer Pilgerbrücke über den Río Meruelo den Ort **Molinaseca** (7.30 Std.) mit der schiefergedeckten Renaissancekirche San Nicolás und einigen stattlichen Bauernhäusern an der Calle Real. Ca. 2 km hinter dem Ort ist eine neue Pil-

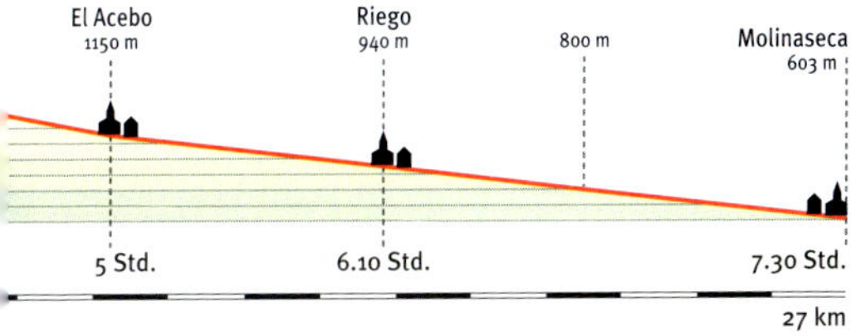

gerherberge links von der Fahrstraße in der früheren Einsiedelei/ Ermita San Roque eingerichtet worden.

ZWISCHENETAPPE

Molinaseca–Cacabelos

Dauer: 7 Std.

Länge: 22 km

Charakter: einfach; anfangs etwas mühsam, da vorwiegend Stadt- und Industriepassagen, sonst Feldwege

Markierung: gelb

Wanderkarte: S. G. d. E., Nr. 158

Einkehrmöglichkeiten: Ponferrada, Camponaraya, Cacabelos

Unterkunft: Ponferrada: Refugio, ✆ 9 87-42 72 58; *** Hotel El Temple, Av. Portugal 2, ✆ 9 87-41 00 58; ** Hotel Madrid, Av. de la Puebla 46, ✆ 9 87-41 15 50; Camping El Bierzo, ✆ 9 87-54 67 00 (17 km Richtung Lugo in Villamartín). Refugios in Camponaraya (sehr einfach), Cacabelos, ✆ 9 87-54 60 11, Villafranca, 2 Herbergen, ✆ 9 87-54 26 80 und 9 87-54 02 290

Information: Ponferrada, C. Gil y Carrasco (bei der Templerburg), ✆ 9 87-41 22 50

Fiesta: Ponferrada: Virgen de la Encina (5./10. Sept.)

Vom Ortsende in Molinaseca führt die außer an Wochenenden wenig befahrene Paßstraße in 7 km direkt nach Ponferrada (2 Std.).

Alternative: An der Ermita San Roque hinter Molinaseca folgen wir rechts direkt neben der Straße einem markierten Wiesenweg. Bald ist die Straße nach links zu kreuzen. Rechts an der Ermita del Santo Cristo vorbei erreichen wir Campo und gelangen halbrechts über eine Querstraße und einen Bach hinweg zum Fluß Boeza, der schließlich über eine alte Bogenbrücke überwunden wird. Halblinks vor uns ragt hoch über den Flüssen Sil und Boeza der

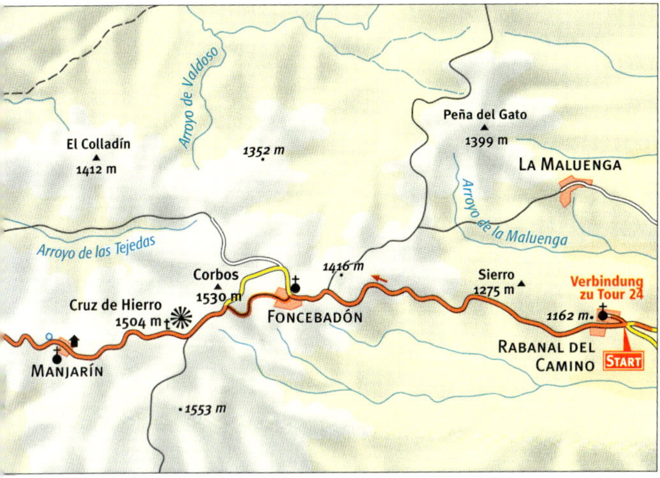

mächtige Komplex der romanischen Templerburg von Ponferrada empor (in Restaurierung unregelmäßige Besichtigungszeiten). Wir erreichen sie durch eine verkehrsberuhigte Straße, wobei wir das Rathaus, den Uhrturm und die Basílica de La Encina mit dem Gnadenbild passieren.

Von der Plaza de la Encina in Ponferrada bei der Wallfahrtskirche durch die Calle Mateo Garza zur Silbrücke über den Río Sil und geradewegs die Avenida de la Puebla (alte N. VI) Richtung La Coruña/Lugo entlang. – Nach der Bahnüberquerung (3.15 Std.) von Cuatro Vientos aus immer der Straße nach durch ein Industriegebiet und Vororte. – Eine Nebenstraße und die Umgehungsstraße (neue N. VI) queren und nach Camponaraya (5.15 Std.). – Ca. 200 m nach dem Ortsende am Komplex der Cooperativa Viñas del Bierzo die Straße geradeaus verlassen. – An der ersten Gabelung rechts gehen, dann links, wieder rechts und an der vierten Gabelung nochmals links. – Über einen Querweg hinweg und dann halblinks halten. – Die Straße, einen Querweg, einen Bewässerungsgraben und einen weiteren Querweg kreuzen, weiter bis nach Cacabelos (7 Std.)

Ponferrada und das Bierzo

Im Spektrum der leonesischen Landschaft nimmt das fruchtbare Becken des Bierzo eine von der Natur begünstigte Sonderstellung ein. Die mäßigen Niederschläge werden durch das reichlich aus den Bergen strömende Flußwasser ausgeglichen. Hohe Gebirge schirmen Felder und Weinberge gegen kalte Winde ab, so daß auch Südfrüchte, Palmen und andere mediterrane Pflanzen hier vorkommen. Außer einer gesunden Landwirtschaft verfügt das Bierzo auch über reiche Kohle- und Eisenerzlager sowie leistungsstarke Kraftwerke.

Römer, Asketen und mozarabische Mönche haben ihren kulturellen Beitrag zur Entwicklung dieses Landes geliefert. Die beeindruckenden Naturruinen der römischen Goldminen Las Médulas, zahlreiche Klöster oder Dörfer in abgeschiedenen Gebieten und zwei mozarabische Kirchen legen noch heute Zeugnis davon ab. Und für die Pilger stellte die Begegnung mit diesem so freundlich grünen Landstrich die Verheißung des nicht mehr fernen Galicien dar.

Zentrum des Bierzo ist die Templerstadt Ponferrada. Unter dem Namen Inter amnium fluvium befestigten bereits die Römer den Hügel zwischen den Flüssen Boeza und Sil. Als Ende des 11. Jhs. die mit Eisenklammern befestigte Silbrücke erbaut wurde, bürgerte sich bei Pilgern und Einheimischen die neue Ortsbezeichnung Ponferrada (= eiserne Brücke) ein. Kurz nachdem die Tempelritter hier eine Burg zu Schutz und Betreuung von Pilgern errichtet hatten, wurde in einer Steineiche das wundertätige Bild Nuestra Señora de la Encina (= Eiche) entdeckt, und mit dem Bau der gleichnamigen Basilika entstand eine vielbesuchte Marienstätte. Heute ist Ponferrada eine wichtige Bergbaustadt (Kohle, Eisenerz).

ZWISCHENETAPPE

Cacabelos–Ambasmestas

Dauer: 7.30 Std.

Länge: 22 km

Charakter: anstrengend; Feldwege, Passagen durch Orte und ca. 8 km ansteigender Höhenweg

Markierung: gelb; Achtung: Variante ebenfalls gelb markiert!

Wanderkarte: S. G. d. E., Nr. 158

Einkehrmöglichkeiten: Villafranca del Bierzo, La Charola; Trabadelo, Ambasmestas

Die Templerburg in Ponferrada

Unterkunft: Villafranca del Bierzo: Refugio, ✆ 9 87-54 02 29/ 54 00 89; *** Parador-Hotel, ✆ 9 87-54 01 75; * Hotel Comercio, ✆ 9 87-54 00 08, Trabadelo, Hotel Nova Ruta, ✆ 9 87-56 64 31, Ambasmestas, keine Unterkunft, erst 1 km weiter in Vega de Valcarce; Vega de Valcarce: Hotel Valcarce, ✆ 9 87-56 13 09, und Refugio, ✆ 9 87-54 31 13

Fiestas: Villafranca: Wettstreit der Dichter in Erinnerung an Enrique Gil y Carrasco, der 1846 in Berlin starb (letzter So im Juni); Cristo de la Esperanza (12./17. Sept.)

Ab Cacabelos über den Río Cúa hinweg und halblinks auf altem Römerweg hinauf nach Pieros (50 Min.). – Hier kurz links und hinter einer Straßenkreuzung rechts hoch in die Weinberge dem Hinweis Villafranca nach. – Wegspuren nach rechts ignorieren. Schließlich wird von oben der Blick auf das nahe Städtchen Villafranca del Bierzo frei. – Links abwärts zur Gnadenkirche Santiago mit dem dahinterliegenden Friedhof (2.30 Std.). Altstadt im Tal auf der Calle del Agua zur alten Flußbrücke über den Burbia. – Gleich hinter der Brücke dem markierten Weg auf dem rechten Hang bis Trabadelo (5.20 Std.) folgen. – Weiter parallel der N. VI durch Portela nach Ambasmestas (7.30 Std.).

Eine leichtere, unangenehmere **Variante** führt neben der Rennstrecke der neuen N. VI durchs Valcarcetal (nicht ungefährlich) nach Trabadelo.

Villafranca

Villafranca liegt nur 20 km von der verkehrsreichen Metropole Ponferrada entfernt. Die Umgehungsstraße hat viel zur Wahrung dieser verträumten Kleinstadt über den Flußauen von Valcarcel und Burbia beigetragen, die inmitten von Obstplantagen und Weinbergen liegt. Die ruhige Atmosphäre und die landschaftlich und kulturell reizvolle Umgebung lohnen einen Aufenthalt. Alfons VI. gründete diese Frankensiedlung. Cluniazenser, Franziskaner, Jesuiten und Adlige richteten Konvente ein und betreuten die Pilger in fünf Hospizen. Fränkische Einwanderer und Einheimische hatten jeweils ihren eigenen Bürgermeister. Die Produktion qualitätsvoller Rosé- und Weißweine bestimmt heute das Leben der wohlhabenden Ortschaft.

Sehenswert: die kleine Santiagokirche, 12. Jh., mit romanischer Gnadenpforte (Puerta del Perdón), hinter deren Schwelle schwerkranke Pilger ersatzweise den Sündennachlaß erlangen konnten, was sonst nur bei Erreichen des Apostelgrabs gewährt wurde. Wie die Puerta Santa in Santiago wird das Nebentor nur in ›Heiligen Jahren‹ geöffnet und allen Pilgern, die durch sie schreiten, die Absolution erteilt. (Schlüssel zum Gotteshaus gegenüber der Herberge Fenix). Außerdem: das Schloß der Markgrafen, 16. Jh., nicht zugänglich! Die Kirche San Francisco, 13. Jh., gotische Ordenskirche mit mudejarer Holzdecke (16. Jh.) und reichem Innenschmuck. Der Renaissancebau Colegiata Santa María Cluniaco, 16. Jh., und die Calle del Agua mit wappengeschmückten Adelspalästen.

Zum galicischen Gralsberg

Vom Ambasmestas auf den Cebreiro

Einen steilen Paß gilt es zu bezwingen, zugleich die Grenze zwischen Kastilien und Galicien. Das Ziel, der urwüchsige Weiler Cebreiro, bietet Pilgern seit alters her willkommene Rast und ist zudem wegen seines Hostienwunders zur Wallfahrtsstätte der Galicier geworden.

DIE WANDERUNG IN KÜRZE

+++ Anspruch

4.30 Std. Gehzeit

12 km Aufstieg

Charakter: anstrengend; steiler Anstieg ab Las Herrerías; zur Hälfte alte Landstraße, dann morastige Bauernwege

Markierung: gelbe Zeichen

Ausrüstung: evtl. aufgrund der Wegbeschaffenheit hohe Gummistiefel

Wanderkarte: S. G. d. E., Nr. 125

Einkehrmöglichkeiten: Vega de Valcarce, Cebreiro

Unterkunft: **Vega de Valcarce:** Refugio, ✆ 9 87-54 31 13, Hotel Valcarce, ✆ 9 87-56 13 09, **Las Herrerías:** Casa Polin (einfache Unterkunft). **Cebreiro:** Refugio und Hospedería San Giraldo, beide erreichbar unter ✆ 9 82-36 71 25

Von **Ambasmestas** führt die LU. 634, die alte N. VI, zum größeren Dorf Vega de Valcarce mit den letzten Läden und Bars in Zielrichtung. Am linken Hang ist bald darauf die Burgruine Sarracín zu sehen, im 11. Jh. eines der gefürchteten Raubritternester am Weg nach Compostela. Wir passieren **Ruitelán** (1.15 Std.) und folgen kaum 500 m weiter am Ortseingang von San Julián einem asphaltierten Weg links der Straße, überqueren den Río Valcarce und erreichen sodann das langgestreckte Doppeldorf **Herrerías-Hospital Inglés.** Von der zweiten Brücke (2.10 Std.) gehen wir noch etwa 1 km dem Sträßlein nach aufwärts, bis uns gelbe

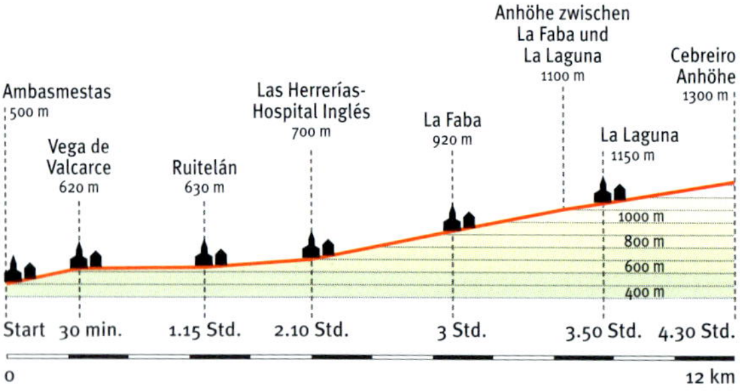

Pfeile links auf einen Wiesenweg abwärts durch das Tal verweisen. Kurz hinter einem Bachsteg steigen wir in mehreren Kurven steil durch dichten Laubwald bergauf auf das erste Haus von **La Faba** zu (3 Std.).

Das Landschaftsbild trägt bereits alle Züge des grünen Keltenlandes Galicien: Äcker mit Mais und hochstehendem galicischen Kohl, knorrige Eichen, Nuß- und Maronibäume, niedergebrannte Hänge voller Farn, Ginster und Dornen. Kalte Winde fegen über die kahlen Hänge, über denen sich auch im Hochsommer die Regenwolken türmen. Unsterbliche Legenden und ein tiefgründiger Jenseitsglaube liegen über dem Land – so dicht wie der Frühnebel an manchen Herbsttagen.

In La Faba folgen wir den Zeichen links aufwärts, überqueren die asphaltierte Dorfstraße und gehen in einem großen Bogen nach links auf einen hohen Strommast zu. Zwischen Ginster und Farn steigt der markierte Weg, z. T. noch mit alter Pflasterung und Karrenspuren, rasch aufwärts. Außer dem idyllischen Rückblick auf La Faba und das gegenüberliegende Cernada läßt sich am Horizont bereits das Ziel ausmachen: die grauen Häuser von **Cebreiro.**

Links von einer in der Ferne hochragenden Antenne geht es halbrechts den Kammweg hinauf, wobei wir eine kleinere Abzweigung nach links und zwei weitere nach rechts ignorieren, bis zu dem teils noch recht ursprünglichen Weiler **La Laguna** (3.50 Std.). Wir bleiben am linken Ortsrand und folgen an der Gabelung hinter La Laguna links dem flacheren Pfad aufwärts.

Bald erblicken wir rechts den ersten (modernen) galicischen ›Meilenstein‹ mit dem Muschelzeichen und der Distanzangabe nach Santiago: 152,5 km. Weitere, teilweise mit Orts- oder Flurnamen versehene Steine folgen nun alle 500 m, ergänzt durch die bekannten gelben Zeichen und die blauen Jakobswegschilder.

Wir passieren das Begrüßungsschild des Landes Galicien, Provinz Lugo, und ein aufwendiges Steinmonument der Europaparlamentarier. Links von der Kammlinie geht es zuletzt an einem ummauerten Waldstück und einem Gehöft vorbei zur **Cebreiro-Höhe;** (1300 m). Links 150 m der Straße nach erreichen wir das gemütliche Hostal San Giraldo (4.30 Std.).

Cebreiro

Hier oben zwischen den dicken Mauern von Kirche und Hospiz und den urtümlichen Bauernhäusern, den *pallozas,* scheint die Zeit still zu stehen. Einige der ovalen und mit Roggenstroh gedeckten Häuser werden noch heute von den Bauern bewohnt oder dienen den Pilgern als Refugium. Eines wurde als Museum eingerichtet und veranschaulicht die gut durchdachte, platzsparende Einteilung.

Das alte Hostal San Giraldo neben der Kirche gehörte einmal zu der Abtei, die seit 1072 französische Mönche aus Aurillac bewohnten. Vor seiner Zeit als Papst soll sich hier der Burgunder Calixt II. aufgehalten haben. Nach behutsamer Restaurierung beeindruckt die vorromanische Kirche (9./10. Jh.) durch ihre Schlichtheit. Im Halbdunkel dieser schmucklosen Mauern scheint Gott etwas näher – und mit ihm die vielen Menschen, die hier Andacht empfunden haben. Neben der romanischen Statue Santa María la Real sind im rechten Seitenschiff Kelch und Patenendeckel des Cebreiro-Wunders (12. Jh.) und ein späteres Reliquiar der Katholischen Könige ausgestellt.

Das Interesse an diesem Ort ist nach einem übernatürlichen Ereignis sprunghaft gestiegen. Es wird erzählt, daß ein Bauer trotz heftigen Schneegestöbers aus seinem Ort im Tal zur Klosterkirche heraufgekommen sei, um das Sakrament zu empfangen. Unwillig über den einzigen Besucher vollzog der Pfarrer das Meßopfer ohne innere Beteiligung. Doch als er die Hostie hochhielt, erschien sie vor beider Augen als Fleisch, der Wein wurde zu Blut. Bauer und Priester verkündeten daraufhin ergriffen dieses ›Gralswunder‹; die Wunderutensilien werden bis auf den heutigen Tag bewahrt.

Daß der Cebreiro und der Jakobsweg wieder ganz in den Dienst der Pilger traten, ist dem unermüdlichen Einsatz des Pfarrers Don Elias Valiña Sampedro zu verdanken, der über geistiger Tradition und kulturgeschichtlichen Aspekten keineswegs die Praxis (er verfaßte den ›Guía del Peregrino‹) und den Landschaftsschutz vergaß. Er starb im Dezember 1989 und ist neben seiner Kirche begraben.

Das mittelalterliche Dörfchen Cebreiro

Freude beim Abwärtsgehen

Vom Cebreiro über den Poio-Paß nach Triacastela

Im ersten Auf und Ab vom Cebreiro zum Poio-Kamm ist man noch ganz Wind und Wetter ausgesetzt. Wenn Nebel und Regen sich verziehen, bietet sich ein großartiger Ausblick zu den weit unten liegenden Dörfern und Tälern. Hinter Fonfría geht es rasch hinab ins grüne Tal.

DIE WANDERUNG IN KÜRZE

++ Anspruch

7 Std. Gehzeit

21 km Länge

Charakter: mittelschwer; wenige Steigungen am Anfang, sonst überwiegend bergab; wenige Kilometer Landstraße, sonst (v. a. bei nassem Wetter) morastige Pfade und Bauernwege (dann evtl. auf die Landstraße ausweichen)

Markierung: gelbe Zeichen, alle 500 m Wegsteine

Ausrüstung: evtl. aufgrund der Wegbeschaffenheit hohe Gummistiefel

Wanderkarten: S. G. d. E., Nr. 125 u. 124

Einkehrmöglichkeiten: Padornelo, Triacastela

Unterkunft: Padornelo: Hospital de la Condesa (Refugio), ✆ 9 82-16 13 36; Hostal Puerto, ✆ 9 82-36 90 67. **Triacastela:** Refugio, ✆ 9 82-54 50 65 und 54 70 47 (500 m vor dem Ort links); Mesón Villasante, ✆ 9 82-54 70 16; Mesón Fernandez, ✆ 9 82-54 70 48

Ab **Cebreiro** deckt sich unser Weg mit der rechts der Häuser verlaufenden LU: 634 bis **Liñares** (1 Std.). Hier müssen wir links durch den Ort, dann rechts der Autostraße auf die Anhöhe **San Roque** hinauf. 15 Minu-

Landschaft bei Cebreiro

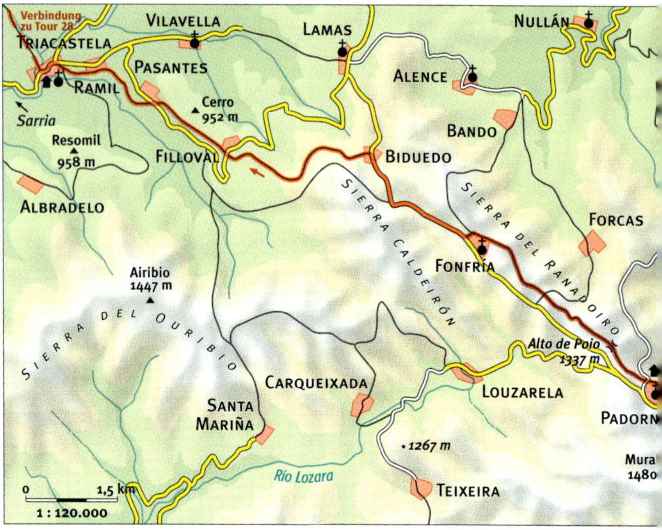

ten später stoßen wir wieder auf die LU. 634, zweigen kurzfristig auf der Dorfstraße in **Hospital** (2 Std.) von ihr ab und verlassen sie vor der nächsten größeren Steigung rechts Richtung Temple und Padornelo.

Kaum 100 m weiter biegen wir links auf den Weg nach **Padornelo** ein. An dem altertümlichen, seltsam oval geformten Friedhof (2.40 Std.) des Ortes, der einst eine Johanniterdomäne war, vorbei steigen wir zur Paßhöhe **Alto de Poio** (1337 m; 3 Std.), wo wir kurz auf die LU. 634 zurückkehren. Auf überwiegend autofreien Pisten geht es von hier parallel zur Landstraße weiter. Ab **Fonfría** (4 Std.), dessen längst verschwundenes Katharinenhospiz den Pilgern an kalten Tagen sogar zwei Wolldecken und eine Wärmepfanne bereitstellte, senkt sich der Weg spürbar. Er bleibt rechts der neuen Trasse der LU. 634, kreuzt jedoch die alte Landstraße und schwenkt rechts parallel zu ihr auf **Viduedo** (4.40 Std.) zu. Am Ortsanfang gehen wir unmittelbar links von der eingesunkenen Ermita de San Pedro durch den Weiler und entfernen uns auf einige Kilometer von der Straße. Der Weg führt nun links zum Hang der Sierra Caldeirón. Bei der ersten Gabelung wählen wir den linken Zweig und

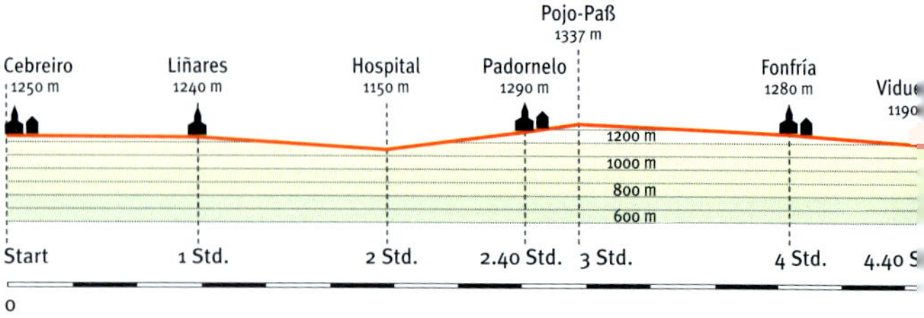

nach einer Höhenpassage durch Ginsterbüsche die Piste rechts abwärts.

In der weiten Tallandschaft liegen rechts einige der in Galicien seltenen Kalksteinbrüche. Da man Kalk für die Kathedrale in Compostela dringend brauchte, wurde die Bußfertigkeit der Pilgermassen in nützliche Bahnen gelenkt, indem man ihnen Steine aufpackte, die sie erst 80 km weiter bei den Kalköfen von Castañeda abwerfen durften. Heute wird in dieser Gegend Magnesium abgebaut.

Nach steilem Abstieg mündet die Piste nach rechts in den Ort **Filloval** (5.40 Std.) ein, zweigt gleich wieder nach links ab, überquert die alte LU. 640 (Zeichen beachten!) und senkt sich scharf rechts in einen Hohlweg. Diesem folgen wir abwärts, Tendenz halblinks, bis er bei einem Kastanienhain die Straße erneut kreuzt.

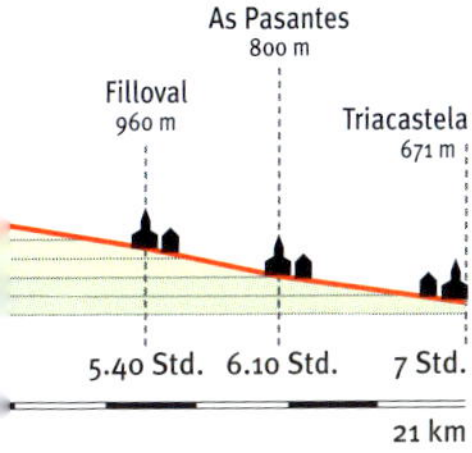

Wir erreichen die alte Bauernsiedlung **Pasantes** (6.10 Std.). In einem langen Bogen erst rechts, dann links gehen wir langsam ins Wiesental hinab, immer der Hauptrichtung nach durch schattige Kastanienhohlwege und Dörfer, bis wir hinter dem ersten modernen Haus, den Zielort bereits vor Augen, auf einen Betonweg kommen. Er leitet geradewegs an der Kirche Santiago vorbei auf die Hauptstraße zum Treffpunkt Bar Villasante, gegenüber der Telefonzelle in **Triacastela** (7 Std.).

Triacastela

Das große Straßendorf Triacastela gehört zu den Orten mit Tradition. Seit dem 9. Jh. war um das dem hl. Petrus geweihte Kloster eine feste Siedlung angelegt worden. Während der großen Wallfahrt erhob man dann Jakobus zum Stadtpatron. Eine Burg, Hospize und ein Friedhof für Fremde entstanden. Ja, hier gab es sogar einen Pilgerkarzer. Vielleicht schlug die ausgelassene Stimmung nach der letzten schweren Etappe des Jakobswegs manchmal in Zügellosigkeit oder sogar Gewaltakte um, so daß man die Unruhestifter kurzerhand ins Gefängnis stecken mußte?

Unter den Graffiti der Eingesperrten wiederholt sich das Zeichen des Hahnes, was als Symbol französischer Pilger verstanden werden könnte oder aber als bange Mahnung an den ›Justizirrtum‹ von Santo Domingo de la Calzada, der nur dank Santiago ein gutes Ende nahm.

Pilger im Abendlicht

Über den Riocabo-Höhenweg

Von Triacastela nach Sarria

Durch eine Idylle teils wohlgeordneter, teils vom Zerfall bedrohter Einsiedelhöfe und Dörfer mit bescheidenen Kirchen führt dieser Wegabschnitt in eine offene, hochgelegene Kulturlandschaft und wieder hinab ins Flußtal.

DIE WANDERUNG IN KÜRZE

+ Anspruch

5.30 Std. Gehzeit

17 km Länge

Charakter: insgesamt einfach, trotz eines Anstiegs am Anfang; Weg etwa zur Hälfte Feldwege, ansonsten wenig befahrene Asphaltpisten

Markierung: gelbe Zeichen, alle 500 m Wegsteine

Wanderkarte: S. G. d. E., Nr. 124

Einkehrmöglichkeiten: nur am Ziel (Restaurant Litmar, ✆ 9 82-53 00 46)

Unterkunft: Calvor: Refugio, ✆ 9 82-16 77 69. **Sarria:** Refugio, ✆ 9 82-53 08 50; Hotel Villa de Sarria ✆ 9 82-53 19 38

Kurz hinter dem Gasthaus **Villasante** in **Triacastela** zweigt rechts ein Zubringer zur neuen Umgehungsstraße ab, die wir zu einer Bachbrücke hin vorsichtig überqueren. Nach mehreren hundert Metern auf einer Asphaltpiste halten wir uns rechts, ebenso an der nächsten Gabelung, wo wir die Piste verlassen und erneut den Bach queren. Wir

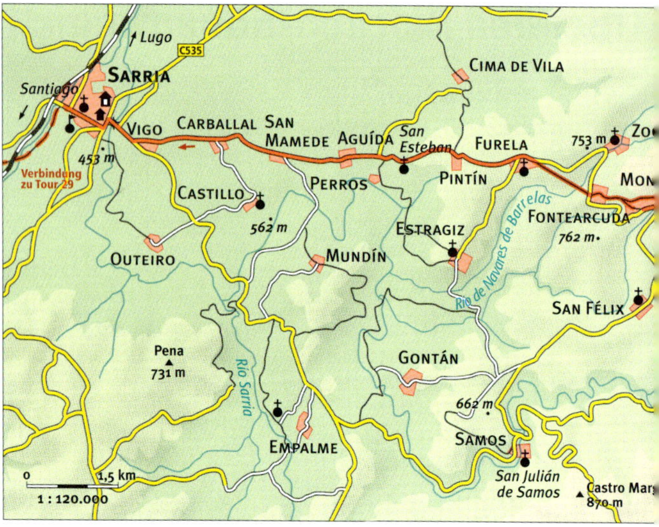

passieren zwei Wege nach links und dazwischen eine Hütte, bevor sich unser Weg links nach Balsa senkt. Nach einer erneuten Bachüberquerung erreichen wir kurz hinter km 127 bei einem neugestalteten Brunnenbecken mit Muschelsymbol die Straße. 500 m weiter an der nächsten Gabelung steigen wir links aufwärts, passieren den rechten Ortsrand von **San Xil** (1.10 Std.) und folgen der Piste hinauf zum **Alto de Riocabo** (1.45 Std.; 896 m). Von dieser Anhöhe haben wir einen großartigen Ausblick links auf das Ouribio-Tal mit dem berühmten Benediktinerkloster Samos (s. u.) und vor uns auf die Kleinstadt Sarria.

Wir geben nun die bisherige Piste auf und nutzen rechts den markierten Forstweg, der auch als Feuerschneise dient. Wir ziehen von der Höhe weit nach rechts, passieren bei km 123,5 einen Linksabzweig und dann auf den nächsten zwei Kilometern drei Seitenwege nach rechts, einen Querweg und erneut einen Linksabzweig. Nach kurzem Straßenkontakt in **Montán** (2.30 Std.) schwenkt die Pilgerroute wieder nach rechts. An weiteren Seitenwegen (zwei nach rechts, einer nach links) vorbei erreichen wir bald die Häuser

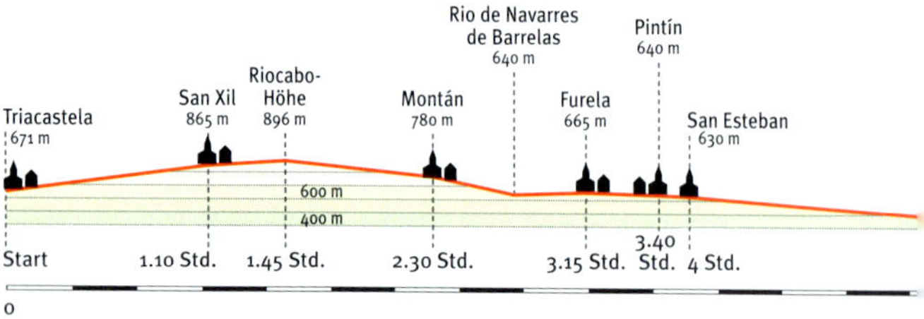

von **Fontearcuda.** Indem wir das Asphaltsträßlein in einer Abkürzung zu einem weißen Transformatorhäuschen hin überqueren, bleibt rechts das nahe Dorf Zoo hinter uns. Von **Furela** (3.15 Std.) aus ist unser Weg, abgesehen von kleineren markierten Abkürzungen, neben oder auf der Asphaltstraße. Hinter **Pintín** liegt links nahe der ersten Kurve die alte Kirche **San Esteban** (4 Std.). Über die Weiler und Gehöfte von Calvor, Aguída, San Mamede, San Pedro, Carballal und Vigo de Sarria gelangen wir hinab auf die von Samos kommende LU. 634, der wir bis in die Kreisstadt **Sarria** zu unserem Treffpunkt jenseits der Flußbrücke folgen (5.30 Std.).

Sarria ist seit über 2000 Jahren Verkehrsknotenpunkt und Marktzentrum. Der Kern der mittelalterlichen Siedlung mit Burgruine erstreckt sich über einen Hügel links der flachen Neustadt. Auf der französisch wirkenden Altstadtstraße Calle Mayor erreicht man die schlichte Kirche **San Salvador** mit dem Portalrelief des segnenden Erlösers: Zwischen kreuzverzierten Pflanzen wirkt der Priesterkönig Christus wie eine Gestalt aus heidnischer Vorzeit.

San Julián de Samos

Der mächtige, weitläufige Barockbau des Klosters nimmt fast die gesamte Breite der Bachaue ein – für die Forellen der Benediktiner war so stets gesorgt. San Julián de Samos ist eine Westgotengründung. Als Prinz fand der spätere König Alfons II. (der Keusche) Zuflucht bei den Mönchen vor seinem machtgierigen Onkel Mauregato. Möglicherweise erfuhr er von einem der Gelehrten des Klosters zum ersten Mal von der Entdeckung des Apostelgrabs in Compostela, dessen Kult er durch den Bau der ersten Kirche dort entscheidend förderte. Nach vorübergehender Auflösung und mehreren Bränden ist der graubraune, sorgfältig restaurierte Gebäudekomplex immer noch beeindruckend (gotischer und barocker Kreuzgang, Kirchenfassade – und der schon obligatorische Benediktinerlikör). Nahebei befindet sich die Erlöserkapelle San Salvador mit mozarabischen Spuren (Anfahrt: Von Triacastela oder Sarria aus per Linienbus oder Taxi, ca. 12 km).

Tour 29

Abwechslungsreiches Galicien

Von Sarria nach Portomarín

Galicien, eine vielfältige Landschaft mit »Wäldern, Wiesen und Flüssen, besten Gärten, guten Früchten und klaren Quellen ... mit Roggenbrot, Wein, Vieh, Milch und Honig«, fast so schön wie seine Heimat, so pries sie Aimeric Picaud, und so kann man sie noch heute erleben.

DIE WANDERUNG IN KÜRZE

+ Anspruch

7 Std. Gehzeit

22 km Länge

Charakter: einfach; z. T. feuchte Wiesen- und Waldpassagen sowie kaum befahrene Asphaltpisten

Markierung: gelbe Pfeile, alle 500 m Wegsteine

Ausrüstung: wasserdichte Stiefel

Wanderkarte: S. G. d. E., Nr. 123

Einkehrmöglichkeiten: nur am Ziel

Unterkunft: Santiago de Barbadelo: Refugio, ✆ 9 82-53 04 12 (alte Schule). **Ferreiros:** Refugio, ✆ 9 82-15 74 96. **Portomarín:** Refugio, ✆ 9 82-54 51 43; Pousada de Portomarín, ✆ 9 82-54 52 00 (ehemaliger Parador)

Information: Portomarín: im Rathaus, ✆ 9 82-54 50 70

Fiestas: Portomarín: Fiesta del Aguardiente (»Feuerwasser-Fest«, Folkloristik mit Ausschank von Trester (span. *Orujo* oder *Aguardiente*)

Wir verlassen **Sarria** auf der geraden Hauptstraße, biegen an der dritten Ampel links ab und orientieren uns kurz hinter der geduckten Lazaruskirche nach rechts zur LU. 535 Richtung Portomarín bzw. Compostela. Bei der alten Bogenbrücke **Puente Aspera** wechseln wir ans andere Ufer, gehen links vom Bahndamm und queren ihn dann neben einer Bahnhütte. Der Weg senkt sich nach links, kreuzt mittels Holzsteg ein Bächlein und steigt dann rechts einen romantischen Hohlweg mit zurechtgestutzten, efeuüberwucherten Eichen hinauf (bei Gabelung links halten). Unmittelbar hinter dieser Allee (1.15 Std.) gelangt man scharf links über Erdstufen zu einem höheren Feldweg. Wir halten zunächst auf das Gehöft **Paredes** (mit markanter Kiefer) zu und umgehen die Felder erst rechts, dann links auf einer Asphaltstraße bis zum Ort **Viley**, den wir halbrechts nach oben durchqueren. Über offenes Gelände mit herrlichem Ausblick ins bunt gefleckte Tal des Celeiro führt die Straße rechts auf ein helles Bimssteingemäuer zu, den neuen, seelenlosen Totenacker. Links gegenüber liegt die romanische Friedhofskirche **Santiago de Barbadelo** (Denkmalschutz, interessante Kapi-

Galicische Hirten mit ihren Hunden

telle und doppelseitiges Bogenfeld). In dieser Gegend suchten – wie Picaud beklagt – Schlepper und Betrüger mit allerlei »günstigen« Angeboten die Fremden um ihre Barschaft zu bringen. Sogar falsche Beichtväter schlugen aus Unwissenheit und Seelennot mancher Pilger Kapital.

Wir folgen der Straße – stellenweise auch markierten Abkürzungen – rechts aufwärts über **San Silvestre** und **Rente** nach **Mercado da Serra,** wo sie in eine größere einmündet (2.10 Std., rechts am Ortsende: Bar/Krämerladen).

Nur ein paar Meter nach links versetzt führt der Weg am Waldrand halbrechts hinauf. Gute 500 m weiter nehmen wir einen breiten Feldweg nach links, der bei einer Dreiergabelung vor der Mühle von **Marzán** scharf rechts abzweigt (2.30 Std.). Über ein Rinnsal hinweg gelangen wir nun aus dem Waldstück in offenes Gelände. Die Hauptstraße LU. 535 wird hier bei km 38 überquert (Hinweisschilder). Eine Zubringerstraße führt im Bogen halblinks in den Ort **Pena** und weiter an Einzelhöfen oder Weilern vorbei zum km-Stein 103. Am Ortsausgang von **Peruscallo** endet die Asphaltstraße (3 Std.). Die Wegrichtung schwenkt nun rechts-links-rechts am Stein ›102 km – Cortinas‹ vorbei auf eine Wiese hoch und wieder hinab zu dem links des Hanges gelegenen Ortsrand. Hinter dem Dorf müssen wir geradeaus weiter (statt rechts hoch: Stein 101,5 km), dann auf dem rechten Pfad nach **Lavandeira,** wo wir bei einem hohen Haus kurz rechts hinauf und gleich wieder links zum letzten Gebäude hinabsteigen.

Wir bleiben oberhalb des nächsten Weilers Casal, durchqueren einen Taleinschnitt in einem Bogen von rechts nach links und erreichen weiter oben in **Brea** (3.30 Std.) eine

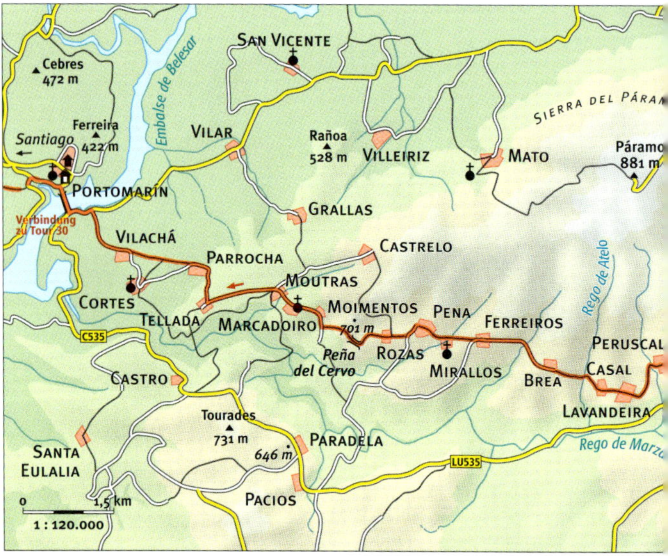

Asphaltstraße, der wir geradeaus folgen. Abwärts geht sie in eine Erdstraße über, die sich vorbei an einem neuen Stall und einer Ermita tief in ein feuchtes Wiesental nach rechts senkt, passiert die Höhe gegenüber und folgt dann dem linken Weg durch den Ort **Ferreiros** (4.10 Std.) Hier führt eine Fahrstraße rechts den Hang hoch an einem weiß gestrichenen Gebäude vorbei, bis es hinter einem Talfriedhof und einer erneuten Steigung in das Dorf **Mirallos** hinabgeht. Gleich steigt der Weg wieder rechts hoch und verläuft bis zur Linkskurve von km 96,5 auf einer Fahrstraße. Dort führt der Pfad den Hang hinauf. An der Gabelung wählen wir den linken Weg und erreichen kurz hinter km 96 den Paß **Peña del Cervo** (Hirschfelsen).

Wir steigen rasch nach **Moimentos** hinab, wenden uns am Ortseingang erst links, dann rechts und folgen der Asphaltstraße weiter abwärts. Beim Strommast in einer Rechtskurve gehen wir links einen Wiesenweg am Gehöft **Cotarelo** vorbei (Reste von altem Steinpflaster) hinunter zu den Orten **Mercadoiro** und **Moutras** (5.10

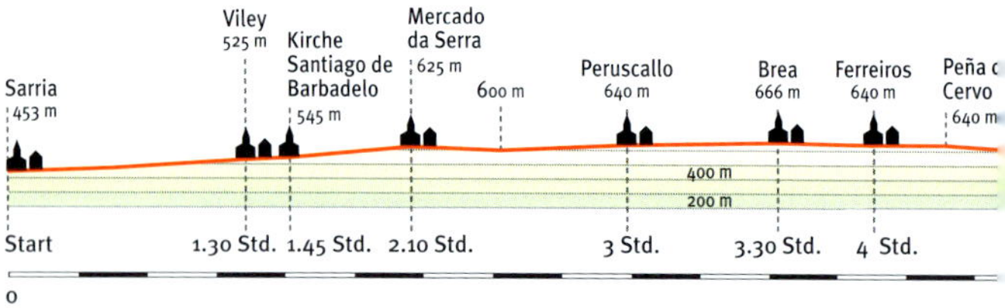

Std.). Kurz hinter einer roten Scheune mündet unser Weg oberhalb in eine Asphaltstraße, die weiter nach rechts über die Anhöhe führt. Bei der Abzweigung **Tellada** gehen wir kurz links und gleich wieder rechts abwärts in das Dorf **Parrocha** (6 Std.), das in steilem, geradem Abstieg zu durchqueren ist. Dahinter folgen wir der Fahrstrecke durch einen hohen Kiefernforst bis zu einer Linkskurve, wo wir eine stark abschüssige, schlechte Trasse nach **Vilachá** (6.10 Std.) hinabsteigen. Hinter dem Ort wenden sich Weg und

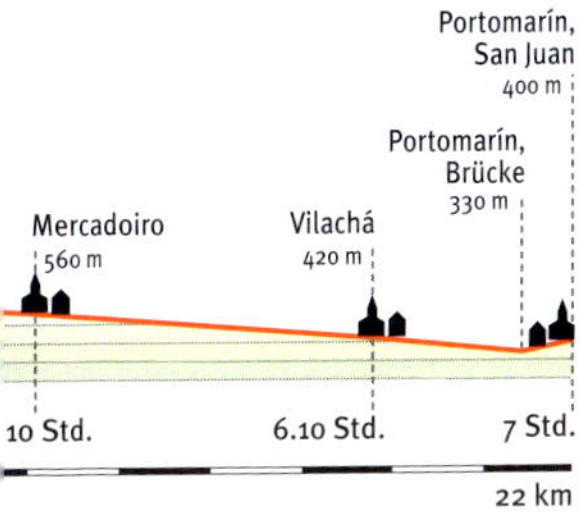

Straße in einem langen, steilen Bogen zunächst nach rechts und dann zügig nach links in Richtung Flußbrücke von **Portomarín**.

In den 60er Jahren ist hier der Miño zu einem See aufgestaut worden, wofür der historische Ort geopfert werden mußte. Nur wenige Gebäude, darunter die romanische Kirchenburg der Johanniter, sind Stein für Stein abgetragen und 50 m höher wieder in dem neuen Ort zusammengefügt worden. In Trokkenzeiten taucht der Ruinenbogen der mittelalterlichen Miño-Brücke, im 12. Jh. von Petrus Peregrinus gebaut, aus dem Wasser auf. Der Ortsname leitet sich aus Ponte Marinum/Minium = Brücke über dem Miño ab. Am anderen Ufer orientieren wir uns leicht an der weithin sichtbaren Kirche **San Juan** im Ortszentrum (7 Std.).

Die nach San Juan (oder San Nicolás) benannte, hohe Kirche aus dem 13. Jh. repräsentiert mit ihren Zinnen und Türmchen die militärische Macht des reichen Kreuzritterordens, der sich u. a. auch die Pilgerbetreuung zur Aufgabe gemacht hatte. Neben der eleganten Aufgliederung des Mauerwerks beeindrucken der Figurenschmuck der Portale und der nüchterne, hohe Innenraum. Im Westportal erscheint ein vollendet schöner, spätromanischer Pantokrator, flankiert von den musizierenden 24 Ältesten der Apokalypse. Ferner sehenswert: die romanische Kapelle San Pedro aus dem 12. Jh. sowie die durchaus gelungene neue Arkadenstraße.

Nur 30 km entfernt lohnt die Provinzhauptstadt Lugo einen Tagesausflug, der per Linienbus machbar ist. Sehenswert: der Ring der vollständig bewahrten Römerstadtmauer (2100 m) und die romanische Kathedrale.

Tour 30

Ginster, Farn und Wegkreuze

Von Portomarín nach Palas de Rei

Hinter Portomarín scheint das Land flacher, der Horizont weiter zu werden. Die alten Dorfanlagen mit Maisspeichern, mit der zumeist romanischen Kirche, Friedhof, Waschhaus und Wegkreuz sind noch weitgehend erhalten.

DIE WANDERUNG IN KÜRZE

++ Anspruch

7.30 Std. Gehzeit

24 km Länge

Charakter: mittelschwer;, zunächst leichter Anstieg, dann leichtes Auf und Ab; weitgehend asphaltierte, aber ruhige Straßen

Markierung: gelbe Zeichen, alle 500 m Wegsteine

Ausrüstung: Tagesproviant

Wanderkarten: S. G. d. E. Nr. 123, 97 u. 96

Einkehrmöglichkeiten: Bar in Hospital, Restaurant in Palas de Rei

Unterkunft: Refugios in Gonzar, ✆ 9 82-15 78 40, Ventas de Narón, ✆ 9 82-54 52 32, Ligonde-Eixere, ✆ 9 82-15 34 83, und Palas de Rei, ✆ 9 82-37 41 14

Die Hauptstraße von **Portomarín** führt uns vom Westportal der Kirche San Juan abwärts auf den Zubringer zur LU. 535, dem rechts zu folgen ist. Gegenüber der Einmündung in die Landstraße überqueren wir auf einer hochstelzigen Brücke einen Zufluß zum Stausee und orientieren uns am jenseitigen Ufer rechts stets bergauf, bis wir bei einer Keramikfabrik die LU. 535 tangieren. Parallel zur Straße führt ein Sandweg bis nach Hospital. Nach ca. 10 Minuten entfernen wir uns von ihm für einen kurzen Linksschlenker zu dem Fünfseelendorf **Toxibo** (40 Min.). Zurück auf dem Sandweg (1.10 Std.) geht es in Straßennähe weiter. Ca. 500 m hinter **Gonzar** (2 Std.) erfolgt ein erneuter Schlenker nach links durch **Castromayor**. Nach 1,2 km zieht unsere Route links durch **Hospital** (3 Std.), quert die N. 540 von Orense nach Lugo (ein paar Meter weiter rechts liegt die Bar) und setzt sich als Asphaltweg nach **Ventas de Narón**

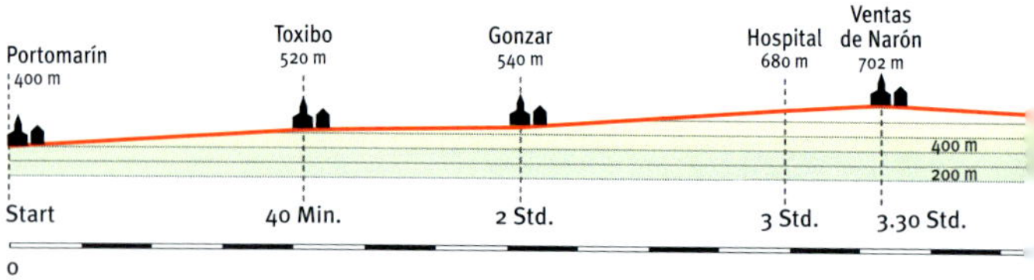

(3.30 Std.) fort. Nun gilt es, die Ligonde-Höhe (702 m) zu überwinden, an deren Westhang der Marktflecken **Prebisa** und das sehenswerte Dorf **Ligonde** (4.30 Std.; u. a. altes Wegkreuz) zu passieren sind, bevor sich der Weg zu einer Bachaue senkt. Gleich darauf geht es wieder aufwärts nach **Eixere.** Zwei kleine Landstraßen schneiden unsere Route, bevor wir die talartige Gemarkung **Portos-Reboredo** (5.30 Std.) erreichen.

Abstecher: Knapp 3 km von hier entfernt liegt die 1184 als Grablege für die Angehörigen des Kreuzritterordens von Santiago errichtete romanische Kirche von **Vilar de Donas**. Von zarter Schönheit sind die Fresken in der Apsis. Neben Verkündigung und Auferstehung überraschen die Porträts adliger Damen *(donas)*, denen der Ort seinen Namen verdankt. Leider hat die Feuchtigkeit der umliegenden Wiesen, verbunden mit Umweltbelastungen der neueren Zeit, den Zersetzungsprozeß dieser spätgotischen Wandmalereien schon sehr weit vorangetrieben. Zur Zeit arbeitet man mit Hochdruck an deren Rettung, weshalb die Kirche voraussichtlich bis 2001 geschlossen sein wird. Kurz hinter den letzten Häusern, etwa bei km 70,5, zweigt rechts ein Viehweg bzw. ein Sträßlein zur nahen C. 547 ab, von wo eine ausgeschilderte Fahrstraße zu dem denkmalgeschützten Bauwerk führt.

Ein kurzer Abstecher führt zu den Kreuzrittergräbern in Vilar de Donas

Nach einer erneuten Steigung hinter Lestedo erreichen wir **Valos** (6 Std.) mit seinem auffälligen Friedhof. Hinter dem Ort folgen wir der Querstraße rechts bis kurz vor deren Einmündung in die C. 547, zweigen links nach **Lamelas** (6.30) ab und ersteigen den **Alto de Rosario.** Kurz vor der C. 547 bringt uns links ein Parallelweg vorbei an den Sportanlagen und der alten Kirche zum Rathaus von **Palas de Rei** (7.30 Std.).

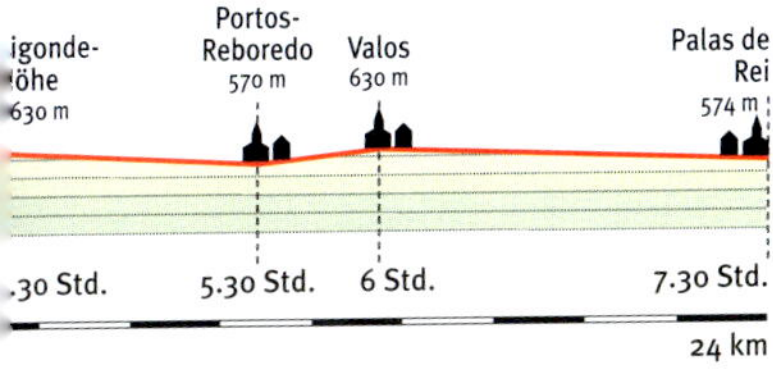

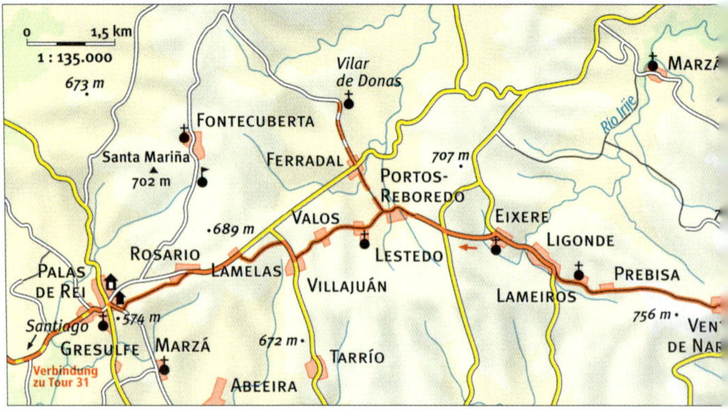
0
1,5 km
1 : 135.000
673 m
Vilar de Donas
Marzá
Fontecuberta
Río Irije
Santa Mariña
702 m
Ferradal
707 m
Portos-Reboredo
Valos
Eixere
689 m
Ligonde
Rosario
Lestedo
Palas de Rei
Lamelas
Prebisa
Villajuán
Lameiros
574 m
756 m
Santiago
Gresulfe
Marzá
672 m
Tarrío
Verbindung zu Tour 31
Abeeira

go
Lousadela
567 m
Lousada
Río Ferreira
Berlay
N
Casanova
Mazo
Mandonelas
586 m
Embalse
de Belesar
Cebres
472 m
San Martin
Ferreíra
422 m
642 m
Hospital
Portomarín
Start
Castromayor
Gonzar
Orense
Toxibo
460 m
Verbindung
zu Tour 29

Auf den Spuren einer Dichterin

Von Palas de Rei nach Arzúa

Lieblich und herb zugleich – wie die galicische Volksseele –, so erscheint die alte Kulturlandschaft. Rosalía de Castro hat sie in gefühlvollen Versen beschrieben, die auf dieser Wanderung leicht nachzuempfinden sind.

DIE WANDERUNG IN KÜRZE

++ Anspruch

9.30 Std. Gehzeit

27 km Länge

Charakter: mittelschwer; ständiges Auf und Ab; Hohlwege, Pisten, Nebenstraßen, selten Schnellstraße

Wanderkarte: S. G. d. E., Nr. 96

Einkehrmöglichkeiten: Leboreiro (ca. 1 km vor und 2 km hinter dem Ort), Melide, Portela (etwas abseits), Boente, Arzúa

Unterkunft: Refugios in Casanova, ✆ 9 82-17 34 83, Melide, ✆ 9 81-50 72 75, und Ribadiso, ✆ 9 81-50 08 70). **Arzúa:** Refugio, ✆ 9 81-50 04 55 und 50 05 56; Hotel Suiza, ✆ 9 81-50 08 62

Hinter dem Rathaus in **Palas de Rei** kürzen wir durch eine Pilgergasse zur abwärtsführenden C. 547 hin ab. Dicht neben der Straße gehen wir links am Hostal Ponterroxan und der Zufahrt zur sehenswerten Burg **Pambre** (ca. 7 km entfernt) vorbei durchs **Roxan-Tal.** Bergauf verlassen wir in einer scharfen Rechtskurve zwischen km 35 und 36 die C. 547 nach links. Abgesehen von den Ortspassagen in Melide und Arzúa dürfen wir uns nun auf mehr als 20 km ruhige Wegstrecke freuen. Auf verwildertem Hohlweg geht es geradlinig zu den Häusern von **San Xulián** hinab (1.10 Std.) Wir befinden uns inmitten des keltisch geprägten Kleinbauernlandes, das noch vor wenigen Jahrzehnten wie ein Relikt aus dem Mittelalter wirkte. Einstmals wurden die Dörfer nah dem Apostelgrab von den fremden Pilgern als wohlhabend bestaunt. Die zahlreichen romani-

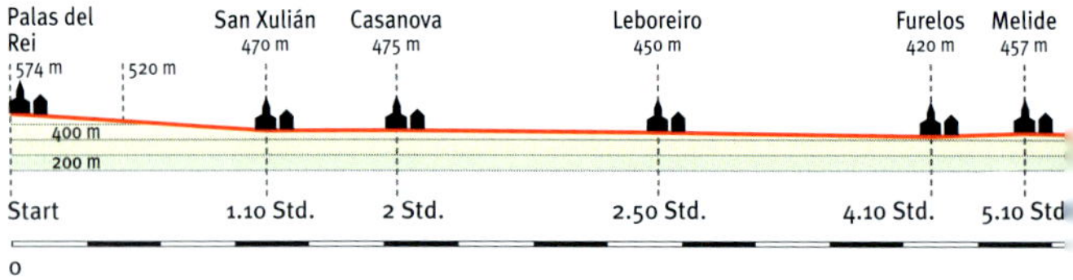

schen Kirchen trugen dazu ebenso bei wie die auffällligen langgestreckten Getreidespeicher, die *hórreos,* deren hohe Stelzen hungrige Nager fernhalten sollten. Zur alten Dorfstruktur gehörten aber auch Wegkreuze, Brunnen und Waschplatz, Wasserrinnen, Einfriedungen durch hochgestellte Schieferplatten und der Campo Santo, der Friedhof – meist mitten im Ort. In späterer Zeit kamen noch die Pazos hinzu, Herrenhäuser des Landadels, die oft von gewaltigen Kaminen überragt wurden.

Nach einer kurzen Passage durch offene Landschaft folgt ein Anstieg durch ein schattiges Waldstück, an dessen Ende sich der Weg bei einem Bauernhaus senkt. Hinter einer Brücke orientieren wir uns auf ein Einzelgehöft zu und wandern rechts davon über einen bewaldeten Hügel hinweg.

Von **Casanova** (2 Std.) gelangen wir auf eine Straße mit losem Rollsplit, die wir hinter dem Ort kurz rechts und dann in halblinke Richtung verlassen. Erneut durchqueren wir einen Wald, halten uns bei der Gabelung halbrechts und erreichen ein breites Wiesental. Jenseits der kleinen Brücke steigt der Pfad leicht an und mündet schließlich auf eine Asphaltstraße, der wir rechts bis zur alten C. 547 folgen. Hier befinden sich eine Bar und ein Krämerladen. Wenige Meter weiter führt der Weg halblinks von der Straße weg, passiert ein gepflastertes Stück *(calzada)* und erreicht kurz darauf **Leboreiro** (2.50 Std.).

Gleich hinter dem urigen Dorf überqueren wir auf einer kleinen Spitzbogenbrücke ein Bächlein. Hier erstreckt sich das Hasenfeld, eine offene Heidelandschaft mit sumpfigen Stellen. Bei einer nahen Quelle pflegte die heilige Jungfrau des Gnadenbildes von Leboreiro immer vor großen Marienfesten ihr Haar zu kämmen. Hinter einem Brücklein nähert sich unser ab Disicabo pappelgesäumter Weg der rennbahnartig ausgebauten C. 547, bleibt aber stets links von ihr und umgeht das Gasthaus **Terra de Melide** und einen Lagerhallenkomplex. Er entfernt sich deutlich von der C. 547 auf ein Waldstück zu und mündet kurz darauf in einen von rechts kommenden Weg ein. Bei den folgenden Gabelungen orientieren wir uns jeweils nach rechts und gelangen dann über eine malerische alte Bogenbrücke in das mittelalterliche **Furelos.** Die gelbe Markierung weist uns den Weg durch den Ort, dann leicht nach rechts ansteigend auf die ersten Häuser der nahen Kreisstadt **Melide** zu. Entlang der C. 547 erreichen wir das Zentrum (5.10 Std.), wo sich rechts der großen Kreuzung der alte Ortskern mit der Hauptkirche und der Pilgerherberge befindet. Die Calle Principal führt uns stadtauswärts an der Capilla de Carmen und dem Friedhof vorbei, kreuzt die

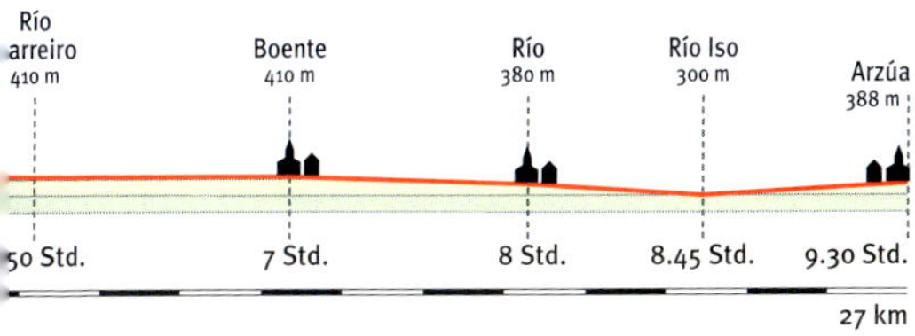

C. 547 und gelangt zu der unterhalb gelegenen romanischen Dorfkirche **Santa María de Melide** (Wandmalereien). Rechts auf einem breiten Weg verlassen wir den Ort, passieren in etwa gerader Linie die Häuser von Carballal und kommen in einen fast dschungelartigen Eukalyptuswald. Eine Steinplattenfurt bringt uns kurz darauf auf die andere Seite des Flüßchens **Barreiro**. Vor den Häusern von Raido macht unsere Route einen kurzen Schlenker nach rechts zur C. 547 und nach 100 m links zurück in die alte Hauptrichtung auf das Gehöft Parabisbo zu. In einer Linkskurve wandern wir geradeaus talwärts weiter durch eine baumbestandene Bachniederung, bevor wir hinter Peroxa auf eine nach rechts tendierende Piste stoßen.

Gleich darauf folgen wir links der Dorfstraße nach **Boente** (7 Std.). Die gelbe Markierung leitet uns diagonal rechts durch den Ort, über die C. 547 hinweg und hinter den letzten Häusern in einem weiten Rechts-Links-Bogen hinab zur Aue des Río Boente, wobei die alte Fernstraße und die neue C. 547 (Tunnel) gequert werden. Am gegenüberliegenden Hang nehmen wir links neben der Brücke zunächst die Richtung der alten Fernstraße auf, ziehen aber nach 600 m erst links, dann rechts auf die Weiler **Río** und **Pomar** zu. Erneut überwindet unser Weg einen Bach. Im leichten Anstieg nach halblinks passieren wir hintereinander zwei Abzweige, die rechts zu den an der Fernstraße liegenden Ortschaften Castaneda und Portela führen. In Castaneda existierten einmal die Kalköfen, in denen die aus Triacastela von den Pilgern herangeschleppten Steine für die Kirche von Compostela verarbeitet wurden. Im nahen Eukalyptuswald schlängelt sich der Weg allmählich nach rechts bis zu einer modernen Pilgerbrücke, die die tief eingeschnittene Trasse der neuen C. 547 überwindet (8.45 Std.). Nun senkt sich der Weg, quert

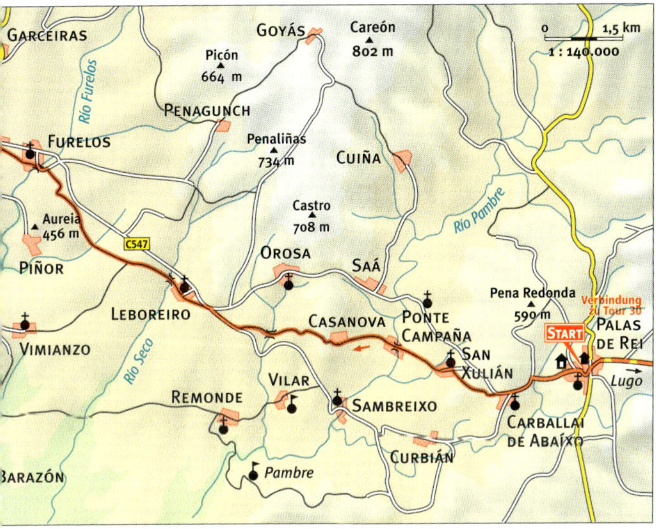

am Waldrand die alte Fernstraße und unten im Talort **Ribadiso de Baixo** das Flüßchen Iso, bevor er wieder zur C. 547 ansteigt. Dieser oder der etwas oberhalb verlaufenden alten Fernstraße müssen wir nun – zuletzt bereits auf sicherem Bürgersteig – bis **Arzúa** folgen. Am Eingang der langgestreckten Ortschaft findet sich links ein Restaurant mit Barbetrieb, unser Treffpunkt (9.30 Std.). Der Refugio liegt am anderen Ortsende, wo die C. 547 den nächsten Bach überquert.

Pambre

Knapp 1,5 km hinter Palas de Rei biegt links eine Nebenstraße zur 7 km entfernten mittelalterlichen Burg Pambre ab. Mit einer romanischen Kapelle und ihrem efeuumrankten Bergfried, der von vier niedrigeren Türmen eingefaßt wird, ist sie eine der wenigen erhaltenen Festungen aus der Zeit des 14. Jh. in Galicien. Als die Übergriffe der Adligen gegen die Bevölkerung, aber auch gegen die durchreisenden Pilger immer unverschämter wurden, setzten sich 1467 die galicischen Bauern zur Wehr: Über 100 Rittersitze gingen in Flammen auf. Pambre blieb möglicherweise verschont, da ihre Herren, die Familie Ulloa, Pilgern und Bauern stets freundlich begegnet waren.

Jakobsmuscheln an einem galicischen Haus

Tour 32

Die Unrast des Näherkommens

Von Arzúa nach Rúa

Noch deuten allein die Entfernungsangaben darauf hin, daß wir nur eine halbe Autostunde von unserem Ziel entfernt sind. Wir haben uns an das Maß unserer Schritte gewöhnt, und die reizvollen Passagen durch das grüne Hügelland lassen keine Langeweile aufkommen.

DIE WANDERUNG IN KÜRZE

+ Anspruch

5.30 Std. Gehzeit

17 km Länge

Charakter: einfach; überwiegend Pisten, Wege und Passagen entlang der Fernstraße

Markierung: gelbe Zeichen, alle 500 m Wegsteine

Wanderkarten: S. G. d. E. Nr. 96 u. 95

Einkehrmöglichkeiten: Salceda (evtl. geschlossen), Empalme, Rúa

Unterkunft: Refugio Santa Irene, ✆ 9 81-51 10 00. **Rúa:** Hotel O Pino, ✆ 9 81-51 10 35

Arzua ist der letzte größere Ort vor Santiago und war einst Besitz der Erzbischöfe von Compostela. Die Spuren besserer Zeiten deuten sich in der kleinen Klosterkirche La Magdalena an, einem ehemaligen Augu-

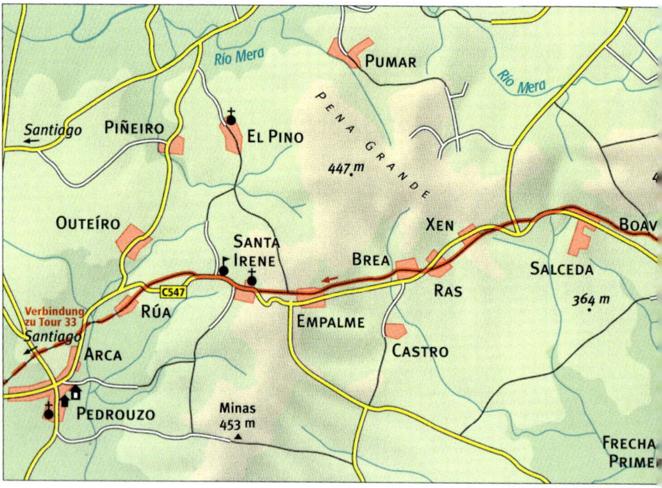

stinerkonvent, der ein Pilgerhospiz unterhielt. Die Pfarrkirche Santiago ist dagegen neueren Datums. An ihr vorbei und parallel zur N. 547 leitet uns die Altstadtachse **Rua del Carmen** zum Ortsende. Wir wandern auf ein Waldstück zu, wo sich um die Bachniederung des Rio As Barrosas noch ein Eichenhain gegen die übermächtigen Eukalyptusforste erhalten hat. Noch vor hundert Jahren waren hier weite Teile des Landes von Eichen, Kastanien, Birken und Stechpalmen *(acebos)* bedeckt. Etwas abseits links vom Weg erinnert die kleine Lazaruskapelle noch an eine längst untergegangene Leprastation.

Der Weg wendet sich etwas nach links, quert das Flüßchen Raido und mündet in der Dorfstraße von **Preguntoño,** noch links von der N. 547. Knapp 400 m hinter dem Ort wechseln wir zur rechten Seite der N. 547. Der Weiler Raido mit dem Gemäuer einer alten Mühle *(molino de los Franceses)* bleibt rechts von uns. Unweit von hier soll es eine Ansiedlung von französischen Priestern, möglicherweise Beichtväter für ihre pilgernden Landsleute, gegeben haben. Nun reihen sich viele malerische Dörfer, Weiler und Gehöfte dicht aneinander, oft nur durch kleine Waldstücke voneinander getrennt. Wie sehr sie ihre Existenz dem Pilgerweg verdanken, läßt sich an Namen wie Calle, Calzada oder Rúa (Straße, Pflasterweg) ablesen. Die gelben Zeichen führen an den Ortsrand von **Cotorbe** (1 Std.), das rechts von uns liegt.

Wir halten uns zunächst noch links, doch bald ändert sich unsere Richtung. In einem Bogen nach rechts durch den Wald passieren wir die Ortschaften (bzw. Plätze) Pereiriña, Ponteladrón (Räuberbrücke), **Tabernella, Calzada** (2 Std.) und schließlich **Calle**, wo wir erst nach rechts und gleich darauf wieder links das Dorf durchqueren. Jenseits des Bächleins ziehen wir rechts durch den Weiler **Ferreiros.** Hier reparierten einst Schmiede nicht nur Fuhrwerke oder Hufeisen, sondern gemäß dem Privileg des Rates von Compostela durften sie auch Nägel

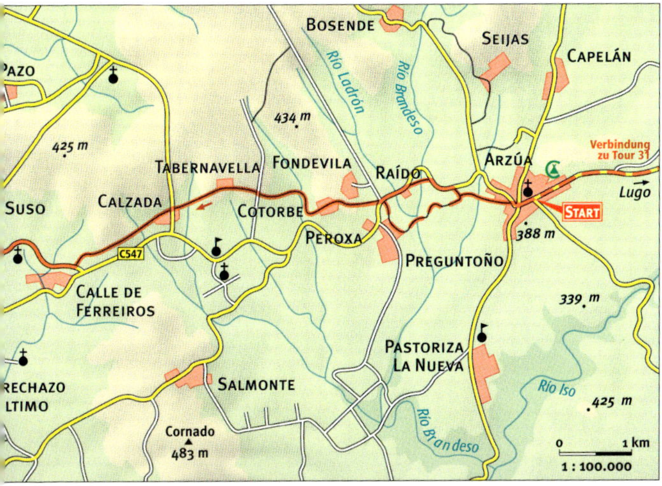

Frauen bringen die Maisernte ein

in lädierte Pilgerstiefel schlagen. Hinter Ferreiros geht es bei der folgenden Gabelung erneut nach rechts, bis wir auf eine Asphaltstraße stoßen.

Nach nur 100 m geht es auf einem Erdweg ins nahe Dorf **Boavista.** Der Ausfallstraße folgen wir kurz nach links und biegen halbrechts auf den Weg nach **Salceda** (3.30 Std.). Im Ort tendieren wir halblinks zur N. 547, auf der wir schließlich einen halben Kilometer entlang laufen müssen. Dann aber weichen die gelben Markierungen wieder rechts von ihr ab, kehren nach 500 m wieder kurz auf

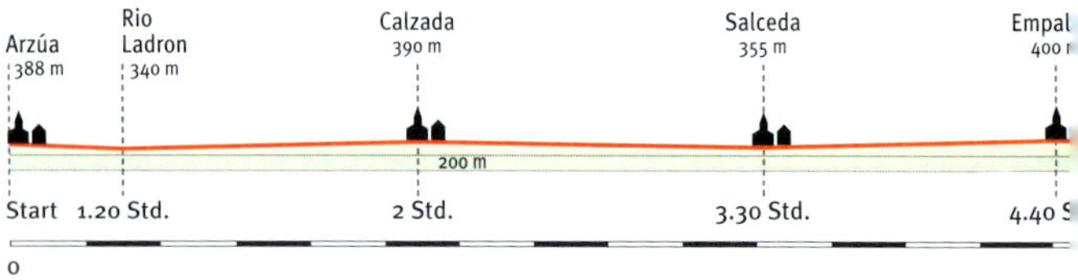

sie zurück, um sie schließlich auf das linker Hand gelegene Dorf Ras zu wieder zu verlassen.

Dahinter muß die N. 547 im Bogen nach rechts erneut überwunden werden. Dicht neben der Fahrstraße passieren wir die Orte **Xen** und **Brea**. Die Richtung wird trotz eines Links-Rechts-Schlenkers beibehalten und wieder kommen wir – an ein paar Häusern vorbei – für 1 km zurück auf die Schnellstraße. In **Empalme** (4.40 Std.) bietet sich rechts neben der Straße eine parallele Strecke an. Sie überquert später die N. 547 und zieht wiederum dicht neben ihr in den Ort **Santa Irene,** der nach der kleinen Ermita dieser Heiligen benannt ist. Wieder an der Schnellstraße macht der Weg einen letzten Haken nach rechts und kehrt schließlich auf die linke Seite zurück, wo das Tagesziel **Rúa** (6 Std.) auf einem Parallelweg erreicht wird.

Tour 33

Jähe Rückkehr in die Gegenwart

Von Rúa nach Santiago de Compostela

Eigentlich sollte die letzte Etappe der krönende Abschluß unserer Pilgerreise sein. Aber Dörfer, die ihre letzte Idylle verbauen, und die Hektik des Verkehrs schmälern unsere Freude. Wer wünschte sich da nicht einen kämpferischen Santiago, der Einhalt gebietet?

DIE WANDERUNG IN KÜRZE

++ Anspruch

6.30 Std. Gehzeit

19 km Länge

Charakter: einfach, aber nicht sehr angenehm, da die Route vorwiegend über Pisten und Straßen mit dichtem Autoverkehr führt.

Markierung: gelbe Zeichen, alle 500 m Wegsteine

Ausrüstung: regenfeste Kleidung

Wanderkarten: S. G. d. E., Nr. 95 u. 94

Einkehrmöglichkeiten: Lavacolla, San Marco, häufiger ab San Lázaro, Santiago de Compostela

Unterkunft: Refugio Monte de Gozo, ✆ 9 81-58 48 17 (ca. 4 km vor Santiago de Compostela). Santiago de Compostela s. Tour 34

Hinter **Rúa** wählen wir rechts den zweiten Zubringer zur C. 547, überqueren sie und nehmen links einen Parallelweg auf. Wir passieren eine Eukalyptuspflanzung, umgehen in Höhe des links gelegenen Ortes Arca eine Schulsportanlage und erreichen hinter einem Waldstück die Häuser von **San Antón** (45 Min.). Wir verlassen den Ort nach rechts und nehmen 200 m weiter links die alte Wegrichtung wieder auf. An der nächsten Gabelung schwenken wir kurz nach links und gehen dann wieder geradeaus auf die Streusiedlung **Amenal** zu, bis wir links in eine Querstraße einbiegen müssen. Diese mündet in eine weitere, der wir rechts über das Flüßchen **Amenal** (1.30 Std.) und die C. 547 hinweg geradewegs nach Cimadevilla folgen. Hinter dem Dorf passieren wir eine Querstraße, eine Fahrpiste und eine Hochspannungsleitung. Unser

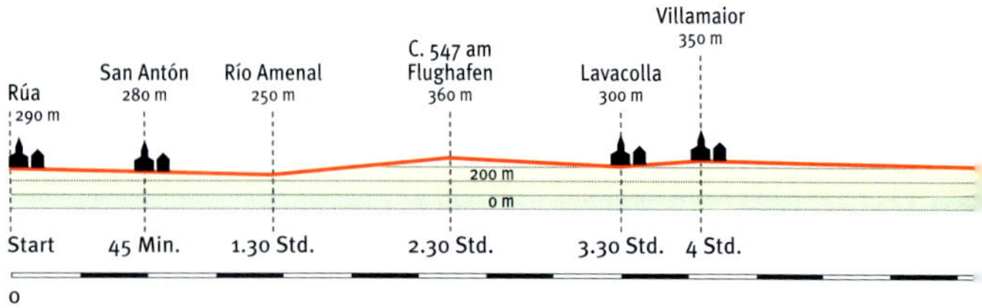

Ziel aller Pilger: die Kathedrale in Santiago de Compostela

Weg beschreibt einen weiten Bogen zuerst nach links und dann nach rechts, wobei er das letzte größere Waldgebiet vor unserem Ziel durchquert. Wir ignorieren die nächsten beiden Abzweigungen nach rechts und links, bevor uns die querverlaufende Landebahn des **Flughafens** zur C. 547 zurück zwingt (2.30 Std.). Bald schon zweigt links ein Parallelweg ab, der später die C. 547 kreuzt und an Sampaio vorbei auf sie zurückkehrt. Hinter einer Bar und Gewerbebauten orientieren wir uns zum Zentrum von **Lavacolla** (3.30 Std.).

Am Ortsende überqueren wir den gleichnamigen Bach, an dem sich

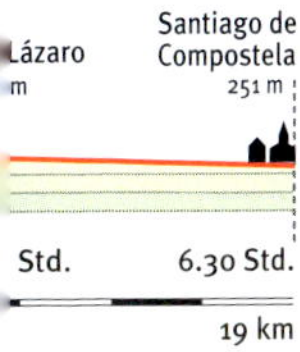

die Pilger in vergangenen Zeiten vor ihrem Einzug nach Compostela nochmals von Kopf bis Fuß reinigten. Kurz vor der **Ermita San Roque** überqueren wir die C. 547 nach links. In einem langen Rechtsbogen nähert sich der Weg **Villamaior,** wendet sich kurz vor dem Ortsanfang nach rechts und mündet, rechts am Gehöft Meiro vorbei, auf einen Querweg. Wir halten uns links, an der nächsten Gabelung rechts und stoßen am Ende des dörflichen **San Marco** auf die gleichnamige Ermita.

Die vielen Schilder und gigantischen Veränderungen rund um den **Monte del Gozo** (Montjoie o. ä.) anläßlich des Papstbesuchs und des Pilgeransturms im Heiligen Jahr 1993 haben zwar den Ort seiner stillen Würde beraubt, aber jetzt dürfte ihn niemand mehr verfehlen. In einem eher enttäuschenden Umfeld kann der heutige Pilger einen ersten Blick auf das ersehnte Ziel, die Türme von Compostela, werfen (4.45 Std.). Auf den letzten vier Kilometern heißt es, alle Sinne zusammenhalten – weniger für beschauliche Gedanken, sondern wegen des besonders starken Verkehrsaufkommens im Osten der Stadt. Zunächst geht es auf der Dorfstraße von San Marco noch gut 1 km weiter, auf Brücken bzw. durch Tunnel über bzw. unter Verkehrsachsen hinweg und schließlich ein letztes Mal die vorstädtisch hektische C. 547 entlang bis zum Stadtviertel **San Lázaro** jenseits des Flüßchens Sar (5.50 Std.). (Ob die verkehrsärmere Alternativroute links der Ermita San Marco nach dem Bau des San Lázaro-Stadions und eines modernen Stadtviertels noch passierbar ist, sollte daran abgelesen werden, ob die gelbe Wegmarkierung erneuert wirkt. Bei der Lazaruskirche war einst die Sammelstation der leprösen oder auffällig kranken Pilger.

Ca. 200 m hinter San Lázaro verlassen wir links im spitzen Winkel die Hauptstraße auf der alten Zufahrt zur Altstadt und biegen nach Überquerung der verkehrsreichen

Avenida de Lugo halblinks in die **Calle de los Concheiros** (1, s. Stadtplan S. 148) ein. Der Name erinnert an die einst mächtige Gilde der Muschelhändler, die das Verkaufsmonopol der Jakobsmuschel erfolgreich gegen fremde Konkurrenten und kirchliche Kontrolle verteidigten. Halbrechts führt uns die Rúa de San Pedro zur Calle Virgen de la Cerca und zum Hauptzugang der Altstadt, der den bezeichnenden Namen **Puerta del Camino** (2, einst Porta Francigena = Frankentor) trägt. Nur noch wenige Schritte fehlen uns bis hin zu ›Sankt Jakobs Haus‹. Durch die Casas Reales – rechter Hand liegt die Kirche **Santa María del Camino** (3), und die **Calle Animas** mit der gleichnamigen Kirche (4), deren Fassade ein ergreifendes Relief der Pein der armen Seelen im Fegefeuer (18. Jh.) aufweist–, kommen wir zur belebten Plaza de Cervantes (ehem. Plaza del Pan = Brotplatz). Von hier läuft die **Calle Azabachería**, die Straße der Kohlensteinschneider, auf das sogenannte Paradies zu, die geräumige **Plaza de la Inmaculada.**

Hier bedrängten in früheren Zeiten noch einmal Geldwechsler, Händler und Gastwirte die Ankömmlinge in einem letzten Kesseltreiben. Außer der obligatorischen Jakobsmuschel und schwarzglänzenden Azabache-Amuletten (aus Gagat: gegen bösen Blick, Gift, Unwetter etc.) wurden Weinschläuche, Schuhe, Heilmittel und viel Tand feilgeboten. So mancher mittellose Pilger verscherbelte seine Ausrüstung, um wenigstens die begehrte Muschel erstehen zu können. Noch bis zum 15. Jh. befand sich an diesem Platz eine prächtige Brunnenanlage, in deren Becken 15 Menschen gleichzeitig baden konnten.

Wir stehen nun vor dem Nordportal der **Kathedrale** (5), der Puerta de la Parroquia (6.15 Std.), von wo aus auch in früherer Zeit meist der Zugang zum Heiligtum erfolgte. Oft gab es ein heilloses Gedränge – Rangeleien, die sogar Menschenleben forderten. Immer wieder versuchten Kirchendiener, die aufgeregte, lärmende Menge am Grab zur Ruhe zu mahnen: »Hier ruht er wahrhaftig, er, der dem Erlöser ganz nahe war, Sankt Jakobus, der Kranke heilt und die Fesseln der Sünde löst.«

Uraltes Pilgerritual am Ende der Reise in der Kathedrale: Die Hand berührt die Säule, der Kopf den steinernen Matheus

Tour 34

Durch die Stadt des hl. Jakobus

Stadtspaziergang durch Santiago de Compostela

Wir spazieren durch eine faszinierende Barockstadt mit weitgehend erhaltenem mittelalterlichem Grundriß. Die ganze Altstadt scheint wie aus einem riesigen Granitblock gemeißelt. Mittendrin das Ziel aller Pilgerträume: die Kathedrale mit dem Apostelgrab.

DIE WANDERUNG IN KÜRZE

+ Anspruch

3.30 Std. Gehzeit

8 km Länge

Einkehrmöglichkeiten: **** Restaurant Vilas, Rosalía de Castro 88, ✆ 9 81-59 10 00; *** Restaurant San Clemente, C. San Clemente 6, ✆ 9 81-58 08 82; *** Restaurant Trinidad, ✆ 9 81-58 33 92; * Casa Manolo, Rúa Traviesa 27, ✆ 9 81-58 29 50

Unterkunft: im Juli oder August ohne Anmeldung schwierig! Refugio Monte de Gozo, ✆ 9 81-58 48 17 (ca. 4 km vor Santiago de Compostela); Seminar Belvís, ✆ 9 81-58 92 00 sowie Auskunft bei der Oficina de acogida al Peregrino, Ecke Rúa del Villar/ Obispo Gelmírez, ✆ 9 81-56 16 30; ***** Hotel Reyes Católicos, ✆ 9 81-58 22 00 (einstiges Pilgerhospiz der Katholischen Könige); **** Hotel Peregrino, Rosalía de Castro s. n., ✆ 9 81-59 18 50; *** Hogar San Francisco, Campillo de San Francisco 3, ✆ 9 81-58 11 43; ** Hostal Suso, Rúa del Villar 65, ✆ 9 81-58 11 59; Camping As Cancelas, Rúa 25 de Xullo, ✆ 9 81-58 02 66 (an der Ausfallstraße Richtung La Coruña)

Information: Oficina de Turismo, Rúa del Villar 43, ✆ 9 81-56 51 78. Sankt-Jakobs-Bruderschaft, Plaza de la Quintana (Südostecke der Kathedrale), ✆ 9 81-58 16 30 (Hier wird bei Nachweis der Fußpilgerschaft die Pilgerurkunde ausgestellt.).

Fiesta: Fiestas del Apostol (15.–31. Juli; Höhepunkt: Jakobstag am 25. Juli; fällt er auf einen Sonntag, ist es ein Fest- und Jubeljahr *Año Santo Compostelano*

Der Besucher von heute begegnet in **Santiago de Compostela** vielen Namen, die schon mittelalterlichen Pilgern vertraut waren. Auch an der Anordnung von Gassen, Straßen und Plätzen hat sich seit dem 12. Jh. nicht allzuviel geändert, und der Umfang der ehemals ummauerten Stadt ist noch deutlich zu erkennen.

Dennoch wird das Stadtbild nicht von der Romanik beherrscht. Während die Gotik nur einige wenige großartige Bauwerke des isabellinischen Stils aufweisen kann, ist es der Barock, der seit dem 17. und 18. Jh. das Gesicht Compostelas prägt. Man begann damit, die düsteren, auf den damaligen Menschen beklemmend wirkenden Formen der Romanik hinter neuen, verspielten Fassaden zu verstecken. Santiago ist so zu einer Barockstadt ersten Ranges geworden, der bedeutende spanische Baumeister ihren Stempel aufgedrückt haben.

Die alten Hauptachsen der Stadt, Rúa del Villar, Rúa Nueva, Raiña und die Calle del Franco, bieten schöne Beispiele baulicher Vielfalt, ohne dabei das Maß für die Harmonie des Ganzen zu mißachten.

Besichtigung der Kathedrale

Die ersten Baumeister, Bernhard d. Ä. und Robert, scheinen französischer Herkunft gewesen zu sein, was sich aus der engen verwandtschaftlichen Bindung Alfons' VI. zu den Fürstenhöfen Burgunds und Aquitaniens erklären läßt. Als der Bau 1128 von Meister Esteban und Bernhard d. J. vollendet wurde, besaß der Apostel »eine Kirche ohne Risse oder Brüche, wunderbar gearbeitet, groß, geräumig, hell ... .« (›Codex Calixtinus‹). Für die Erweiterung des Westportals (1168–88) mußte Meister Matheus das tiefere Bodenniveau durch einen kreuzförmigen Unterbau ausgleichen, heute *Catedral Vieja* genannt. Mit der Anlage der doppelläufigen Treppe an der Westseite 1606 wurde die barocke Umgestaltung der Fassade eingeleitet.

Die Besichtigung beginnt am Hauptportal, dem **Pórtico de la Gloria.** In der einst offenen Westvorhalle spielt sich noch heute folgendes Pilgerritual ab: Man preßt die fünf Finger der rechten Hand an den Schaft der mittleren Säule, über der ein gütiger Jakobus mit Stab thront. Eine Legende erzählt dazu, Jesus selbst habe hier Hand angelegt, um diesen Tempel mit der Ausrichtung nach Osten zu vollenden.

In einer Inschrift unter dem Türsturz ist stolz die Fertigstellung der Portalzone für das Jahr 1188 vermerkt. Die kniende Figur zu Füßen der Jakobussäule mit Blick zum Altar soll Matheus darstellen und wird der ›Kopfstoßheilige‹ genannt. Immer wieder sieht man, wie vor allem Einheimische ihren Kopf an seiner Stirn reiben. Das Portal der ›Herrlichkeit Gottes‹ *(de la Gloria)* soll dem Pilger am Ende seines Weges die Weltordnung und Großartigkeit der Schöpfung vor Augen führen.

Mittelpunkt dieser wohl schönsten spätromanischen Skulpturengruppe ist im inneren Bogenfeld der auferstandene, triumphierende Gottkönig Christus, gleichermaßen Opfer am Kreuz und allmächtiger Richter. Engel mit den Leidenswerkzeugen Christi und die vier Evangelisten mit ihren Symbolen bezeugen seine Erlösungstat ebenso wie die 40 Märtyrer mit den Kronen der ewigen Seligkeit.

Die Warnung vor dem Jüngsten Gericht, die von den Posaunenengeln ausgeht, wird durch die himmlische Gelassenheit der 24 Ältesten der Apokalypse im Archivoltenbogen gemindert.

Die Archivolten der rechten Seite (zur Linken Christi) warnen vor der Verdammnis: Unter den Augen des Richters werden die Rollen mit den guten und schlechten Taten entfaltet. Am linken Portalbogen sind die Gerechten des Alten Bundes dargestellt, die bedrückt von der Last des mosaischen Gesetzes auf den Messias warten, der zwischen Adam und Eva erscheint.

Nachdem wegen der Ausgrabungen in der Kathedrale 1946 der barocke Chorlettner entfernt wurde, lassen sich die Proportionen des Raumes leichter erfassen. Der Blick durch das schlanke, zweigeschossige Mittelschiff reicht bis zum **barocken Hochaltar** (b) aus dem 17./18. Jh. mit vergoldetem Tabernakel und pompösem Baldachin, bekrönt von Santiago Matamoros. Inmitten dieser überschwenglichen Pracht strahlt die romanische Statue des ›Umarmungsjakob‹ mit starrem, fast hypnotisierenden Blick stoische Ruhe aus. Sie kann von einer Stiege seitlich des Altars erreicht werden. Darunter führen Stufen zum Apostelgrab hinab, wo in einem Silberschrein des 19. Jhs. die Gebeine Sankt Jakobs – und daneben die seiner treuen Jünger Athanasius und Theodorus – verehrt werden. Vom Scheitel der **Vierungskuppel** hängt ein Flaschenzug herab, an dem an Festtagen der 54 kg schwere **Botafumeiro** (Rauchfaß) befestigt und von acht Männern in ausladende Schwingungen versetzt wird. Die Durchräucherung des überfüllten, oft stickigen Raumes diente einst der Hygiene.

Rund um die Kathedrale

Wir verlassen die Basilika durch die nördliche klassizistische **Puerta de la Parroquia** und wenden uns strikt rechts zur **Plaza de la Quintana/de los Literarios.** Grauer Granit dominiert hier, dennoch verleiht die Staffelung der angrenzenden Gebäude diesem Platz einen besonderen Reiz. Oberhalb einer breiten Treppe rahmt die Casa de la Parra (Weinrankenhaus) die Quintana. Der strenge Klosterkomplex **San Pelayo de Antealtares** (6), im 17./18. Jh. neugestaltet, bildet die Ostflanke. Die ›Concordia

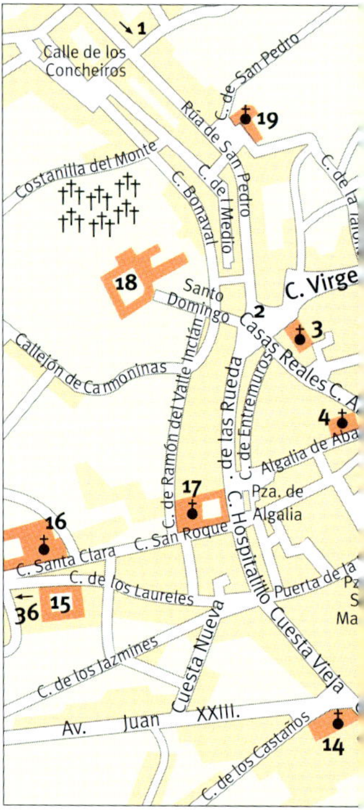

de Antealtares‹ aus dem Jahre 1077, ein eminent wichtiges Dokument zur Entwicklung der Wallfahrtsstätte, berichtet, daß Alfons II. 250 Jahre zuvor dieses Kloster gestiftet habe. Am unteren Abschluß des Platzes liegt die arkadengesäumte Casa de la Conga, 18. Jh.

Mit dem feingliedrigen Uhrturm **La Berenguela,** 14./17. Jh., und einem wahren Gebirge barocker Balustraden, Türmchen und Fialen löst sich die Ostfassade der Kathedrale elegant aus der starren Platzanlage.

Neben dem Uhrturm mündet eine schmale Passage auf die **Plaza de las Platerías,** an dem die Zunft der Silberschmiede früher ihr Gewerbe ausübte. Um den beliebten Pferde-

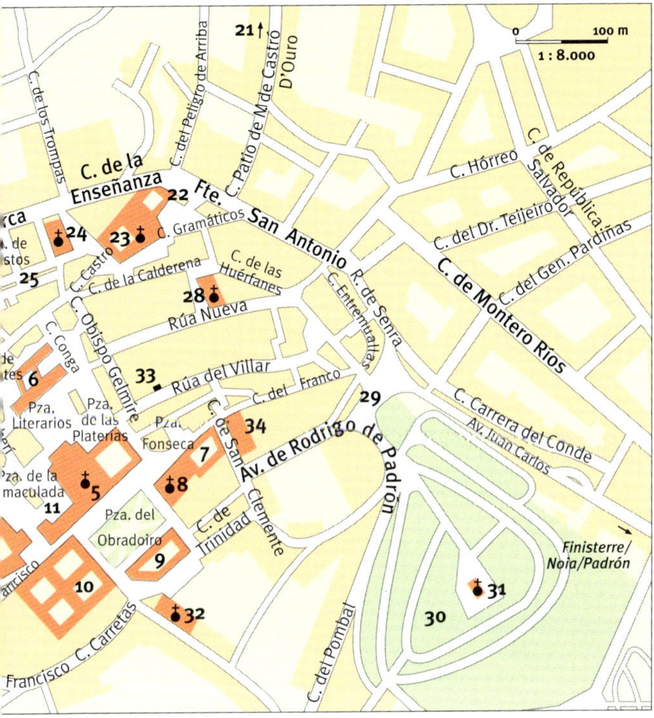

brunnen unten gruppieren sich die Casa Conga, die Arkaden der Banco de España, die Casa del Cabildo (18. Jh., galicischer Barock) und der sauber in Stockwerke unterteilte Kreuzgang mit einem pagodenartigen Eckturm.

Wie zu einer Tribüne führt daneben eine breite Treppe zu dem um 1103 entstandenen **Platerías-Portal** hinauf, dem ältesten der Kathedrale. In der Portalzone fällt die gut erhaltene Gruppe im Zwickel der Bogen auf: Über dem Christuszeichen erscheinen die Büsten des ›gehörnten‹ Moses (oder Satans?) und Abrahams. Darüber erhebt sich eine schöne spätromanische Christusgestalt und links neben ihr, zwischen Zypressen, Jakobus d. Ä. – in Kopfneigung, Haltung und Faltenwurf des Gewandes seinem Gegenstück in Saint Sernin (Toulouse) sehr ähnlich. Unwillkürlich kommt da der alte Streit um den ›wahren Jakob‹ wieder in Erinnerung.

Am unteren Ende der Calle Fonseca stehen drei schöne Renaissance-Gebäude: das frühere theologische **Fonseca-Kolleg** (7), heute Bibliothek, das Institut Sarmiento und das Konvikt **San Jerónimo** (8) aus dem 17. Jh. Heute beherbergt es das Rektorat der Universität.

Die Weite der anschließenden Plaza del Obradoiro im Herzen der Altstadt kommt unerwartet. Hier wird das gewohnte Schema des Hauptplatzes, des Zentrums der profanen bürgerlichen Stadtkultur, gesprengt.

Alle umliegenden Bauwerke waren kirchliche Einrichtungen oder religiöse Stiftungen. Spätestens seit der Fertigstellung der barocken Turmfassade beherrscht die Kathedrale unumstritten diese großartige Kulisse, die Plaza del Obradoiro ist zu ihrem Vorplatz geworden.

Im Giebelfeld des klassizistischen **Palacio Rajoy** (9), 18. Jh., heute Stadtverwaltung, ist die Schlacht von Clavijo in barocker Fülle in Szene gesetzt. Das **Hostal de los Reyes Católicos** (10), 1492 von Isabella von Kastilien und Ferdinand von Aragón als Pilgerherberge in Auftrag gegeben, ist heute ein Luxushotel mit der Auflage, auch echte Fußpilger zu bewirten. Die gewaltigen Ausmaße der Gebäudefront werden durch spärlich dosierten Schmuck gemildert, darunter Medaillons und Wappen des Herrscherpaares, das Santiago zuletzt noch die Eroberung Granadas verdankte. In der Achse der vier Kreuzgänge liegt die **Hospizkapelle,** ein gutes Beispiel für den isabellinischen Stil (Besichtigung nur mit offiziellem Führer).

Schon ein Blick auf die Turmfassade der **Apostelbasilika** zeigt, daß hier trotz des späten Baudatums (Abschluß um 1750) kein Fremdkörper aufgepfropft worden ist. Der Vorbau des romanischen **Bischofspalastes** (11) links, der platereske Kreuzgang rechts und die barocke Kathedralfront sind behutsam miteinander verbunden worden.

Nachdem schon im 17. Jh. mit dem Überbau des rechten Turmes begonnen worden war, mußte sich der leitende Architekt bei der Umgestaltung der gesamten Fassade an den vorgegebenen Strukturen ausrichten. Neben der optischen Anpassung des zweiten Turmes (Torre de la Carraca = Turm der hölzernen Schnarren, die in der Karwoche die Glocken ersetzen) gelang es ihm, das Zwischenturmteil in maßvollem Barock auszuführen. Die noch älteren Turmstümpfe sind fast schmucklos, und erst weiter oben überwindet eine ausschwingende barocke Wellenbewegung die horizontale Starre. Türme und Türmchen runden sich, überragt von spitzen Jakobskreuzen. Aus einem offenen Bogen im Mittelteil der Fassade blickt die Statue von Santiago Peregrino herab, während darunter sein Heiligenschrein von den beiden Jüngern flankiert ist.

Drei Eindrücke fehlen noch, um das Gesamtbild der Kathedrale abzurunden. Unter der Fassadentreppe befindet sich die sogenannte **Catedral Vieja** (Eintritt), die während der Erneuerung der Portalzone durch Matheus ihre endgültige Gestalt bekommen hat. Außer schönen Fragmenten der steinernen mudejaren Chorsitze bezaubert dort die orientalisch anmutende Statue der Königin Violante, der Frau Alfons' des Weisen (13. Jh.).

Nur noch mit Sondererlaubnis ist heute ein Rundgang über die Triforiengalerien oder auf das flach abgestufte Dach der Basilika möglich. Interessant sind dort die ältesten Bereiche hinter den Türmen, bei der Vierung und den Chorkapellen. Aus Zeiten, da die mittelalterliche Wallfahrt noch in voller Blüte stand, wird hier ein viereckiges Becken mit einem Bronzekreuz gezeigt. Dort pflegten arme Pilger, die durch die Fürsorge des Domkapitels neue Kleider bekommen hatten, unter freiem Himmel ihre stinkenden und verlausten Lumpen zu verbrennen (Cruz dos Farapos – Lumpenkreuz). Auch die Hochgalerien im Kircheninnern und ihre Kapitelle können mittelalterliche Szenen wachrufen.

Der **Romanische Bischofspalast** (11) nebenan war noch bis ins 17. Jh. Sitz der Erzbischöfe. Diego Gelmírez, der als erster diesen Titel trug, gilt als Erbauer dieses wehrhaften Gemäuers, bei dessen Ausstattung der höfische Aspekt nicht zu kurz kam. Noch 1117 wäre der Kirchenfürst fast im Feuer umgekommen, als sich der selbstbewußte Bürgerstand gegen ihn, den Stadtherrn, auflehnte. Der Sohn eines galicischen Adligen, später Domherr und Vertrauter Alfons' VI., stellte sich dann jedoch schnell auf das komplizierte Machtgefüge ein und verstand es, im Intrigenspiel aller gegen alle den jeweils stärksten Partner für seine Interessen einzuspannen. Obwohl der Bau bis ins 17. Jh. erweitert wurde, ist sein Kern noch romanisch.

Stadtspaziergang

Durch den Torbogen, der rechts unter dem Romanischen Palast hindurchführt, gelangen wir auf die Plaza de la Inmaculada neben der Nordflanke der Kathedrale. Die linke Seite wird von der eindrucksvollen Fassade des Benediktinerklosters **San Martín Pinario** (12), 16.–18. Jh., beherrscht, dessen Gründung auch auf Alfons II. zurückgeht. Hoch über dem Dach erscheint die Figurengruppe des berittenen Sankt Martin mit dem Bettler.

An der Ostseite des nach der Kathedrale größten sakralen Gebäudekomplexes befindet sich die Portalfront der Martinskirche. Gegenüber steigen wir in die Calle de San Miguel hinauf, wo noch ein turmartiges gotisches Haus steht. Hier ist schon seit längerem ein Pilgermuseum geplant. Beim Cristo de la Misericordia in der nahen **Iglesia San Miguel** (13), 18. Jh., bettete man Hingerichtete zur letzten Ruhe.

Nördlich von San Martín, bereits außerhalb des alten Stadtwalls (Cuesta Vieja), liegt die monumentale Glaubensburg der Franziskaner **San Francisco** (14). Nach der Gründungslegende soll Franz von Assisi 1215 einen frommen Laien bestärkt haben, das Kloster zu stiften.

Zurück auf der Cuesta Vieja, gelangen wir über die Plaza de las Peñas und die Calle de los Laureles zum klassizistischen **Konvent der Karmeliterinnen** (15). Gegenüber liegt das mächtige, barocke Klosterstift **Santa Clara** (16), eine Stiftung der Königin Violante. Am Ende dieser Straße hat man im Jahre 1987 vor dem weitläufigen Gebäudekomplex der Landesregierung (Xunta) von Galicien die ausdrucksstarke neue Skulptur ›Pilger am Ziel – zwischen Ekstase und Erschöpfung‹ enthüllt. Unweit rechts davor geht es zur zentralen Busstation.

Von der verkehrsreichen Calle San Roque biegen wir vor dem gleichnamigen **Pilger- und Krankenhospiz** (17) links ab und erreichen nach einigen Metern das **Dominikanerkloster Bonaval** (18), das auf den Besuch des spanischen Ordensgründers Domingo de Caleruega hin erbaut wurde. Im Kloster befindet sich ein Museum für galicische Volkskunde/Museo do Pobo Galego. Die romanisch-gotische Ordenskirche beherbergt das vielbesuchte Ehrengrab der Dichterin Rosalía de Castro.

Leicht übersehen wird die links in einem Stiegenwinkel der Calle Bonaval versteckt liegende, romanische **Marienpforte.** Als ein Schmied wegen angeblicher Beteiligung an einem Aufruhr hier zur Richtstätte vorbeigeführt wurde, soll er das Gnaden-

In der Halle des Stadtmarktes

bild laut zum Zeugen seiner Unschuld angerufen haben. Sogleich stürzte er tot zu Boden und entging auf diese Weise der schmählichen Hinrichtung. Durch das jähe Eingreifen des Gnadenbildes sah man die Unschuld des Schmiedes als erwiesen an.

Am Ende des Sträßleins steht gegenüber der Schmerzenskapelle ein Pilgerbrunnen. Nach rechts gelangen wir auf die Rúa San Pedro, und wenige Meter stadteinwärts biegen wir bei der Kirche **San Pedro** (19) in die Calzada de San Pedro ein, an deren Ende sich das heute noch bewohnte **Dominikanerinnenstift Belvis** (20) befindet. Dieses wurde im Jahre 1305 neben einer wundertätigen Quelle errichtet.

An einem Schulgebäude vorbei führt der Weg abwärts auf die Umgehungsstraße zu, unterquert sie und führt uns nach ca. 300 m rechts zur romanischen Stiftskirche, der x-beinigen **Santa María del Sar** (21). Die ungewöhnlichen Strebebogen, die den Baukörper stützen, lassen eher an ein mittelalterliches Arsenal als an eine Kirche denken. Die dreischiffige Anlage wurde 1137 von Erzbischof Diego Gelmírez geweiht (Grab des Erzbischofs Bernhard, der 1237 sein Amt aufgab, um hier Aussätzige zu pflegen). Heute befindet sich in dem erweiterten Bau eine religiöse Schule.

Zurück geht es hinter der Unterführung geradeaus durch den Straßenzug Sar de Afuera, Castrón de Ouro und Patio de Madres zur Ringstraße hinauf. Beim **Mazarelos-Bogen** (22) erreichen wir an der Plaza Universidad wieder die Altstadt. Hier bilden das Institut Gelmírez, die einturmige Jesuitenkirche und der mächtige Westflügel der alten **Universität** (23) einen monumentalen Rahmen. Santiagos Universität wurde im Jahre 1532 gegründet.

An der Calle Castro/Ecke Universität ehrt die Stadt ihren Neubegründer Alfons den Keuschen mit einem Denkmal. Geht man hier nach rechts, dann stößt man ein paar Meter weiter auf das Kirchlein **San Fiz/Felix** (24). Es befindet sich an einer Stelle, wo schon zur Römerzeit eine befestigte Siedlung existierte und wo auch die Ermita des Einsiedlers Pelagius, der das Apostelgrab entdeckte, vermutet wird.

Parknot und Gedränge künden den nahen **Stadtmarkt** (25) an. Der Verkauf in dem aus zwei mal fünf langen Hallen bestehenden ›Bauch von Santiago‹ findet an allen Wochentagen vormittags statt, doch ist der Donnerstag immer noch der wichtigste Markttag. Falls es in Santiago nicht zu heftig regnet, breitet sich der farbenprächtige Kleinmarkt von fliegenden Händlern und Bäuerinnen in allen nahen Gassen aus. Leider sollen diese Hallen geschlossen werden – zugunsten eines ›keimfreien‹, modernen Großmarktes außerhalb der Altstadt. Wenn sich die Verantwortlichen nicht noch eines Besseren besinnen, wird Santiago so ein gutes Stück Ambiente verlieren, ganz abgesehen vom drohenden Ruin der kleinen Händler.

Am anderen Ende des Marktes ragt der frühere, 1617 gegründete Augustinerkonvent **San Agustín** (26) empor. Von hier aus sind es nur wenige Schritte nach links zur klassizistischen **Iglesia de San Benito** (27) an der Plaza de Cervantes. Über die Hauptgeschäftsachse Calle Preguntoiro (= Straße der Bekanntmachungen), Calderería (= Kesselmacher) und – rechts – der Calle Nueva gelangt man schließlich zur romanisch-gotischen Kirche der **Santa Salome** (28), der Mutter von Jakobus d. Ä. und Johannes. Das gemütliche Café Derby (Calle Huérfanos 29/Plaza de Galicia) ist der geeignete Platz, um sich zwischendurch bei einem Cortado, einer Copa und einer Portion Churros zu entspannen.

Vorbei an der **Puerta Fajera** (29) erreichen wir den Volksgarten **Parque de la Herradura** (30). Aus dem Schatten von Eukalyptusriesen, Zedern und Zypressen bietet dieser Ort den wohl schönsten Panoramablick auf die vieltürmige Stadt. Von einer breiten Doppeltreppe, an der galicische Emigranten aus Lateinamerika ihrer Dichterin Rosalía de Castro ein würdiges Denkmal gesetzt haben, schaut man auf die großzügigen Anlagen des neuen Universitätsviertels. An dem eichenbestandenen Hang dahinter findet alljährlich in der letzten Juliwoche ein Jakobi-Markt statt. Früher wurde hier der große Viehmarkt abgehalten.

Etwas vernachlässigt wirkt die kleine romanische Kirche **Santa Susana** (31) auf dem Hügelplateau. Bischof Gelmírez erbaute sie, um bis zur Fertigstellung der Kathedrale die neuen, wertvollen Reliquien auszustellen, die er der altehrwürdigen Bischofskirche in Braga (Portugal) abgeluchst hatte.

Vom Park steigen wir abwärts durch San Clemente und die Calle de la Trinidad zur **Barockkirche San Fructuoso** (32), an deren Stelle sich einmal der Pilgerfriedhof des Hostal de los Reyes Católicos befand. Wir gehen die Treppenstufen durch die Cuesta del Cristo hinauf und beenden unseren Stadtrundgang an der Plaza del Obradoiro, dem Ort der alten Dombauhütte von Santiago.

Ans Ende der Welt

Von Santiago de Compostela nach Finisterre

Auch nach erfolgreicher Wallfahrt trieb es viele Pilger weiter. Der Rhythmus des Gehens hatte sich dem Körper aufgeprägt. Und wie Schlafwandler zogen sie weiter über Berge, durch Wälder und graugrüne Dörfer einem letzten Ziel entgegen: Finisterre, dem sagenumwobenen Ende der Welt.

Hinweise

Markierung: gelbe Jakobsweg-Zeichen (an den Hauptstraßen entlang schwach, durch die Dörfer besser)

Ausrüstung: ausreichend Proviant

Wanderkarten: S. G. d. E., Nr. 92, 93 u. 94

Rückfahrt: Busverbindungen ab Finisterre zurück nach Santiago de Compostela Mo–Sa 16 Uhr, So 18 Uhr

Information: Santiago de Compostela: Oficina de Turismo, Rúa del Villar 43, ✆ 9 81-56 51 78.

Hinweis: Dörfer und Weiler in Galicien haben oft einen offiziellen und noch einen anderen, von Einheimischen gebrauchten Namen, gelegentlich einfach den Namen des Pfarrkirchbezirks. Selbst moderne Karten lassen in dieser Hinsicht keine einheitliche Linie erkennen.

»Dar nach zoch ich hein zuo dem Finster Sterenn – is zwo tagrais von sant Jakob ... aber zuo latein haisset es affinis tera is zuo teitsch ain end dez erttrichs« (aus dem Pilgerbericht des Augsburgers Sebastian Ilsung, 1446).

Schnell vergaßen die Pilger die langen Strapazen, wenn sie erst einmal das große Ziel erreicht hatten und der Ablaß gewonnen war. Nach mageren Tagen gab es nun wieder gut und viel zu essen. Dennoch hat die Mehrheit diesen angenehmen

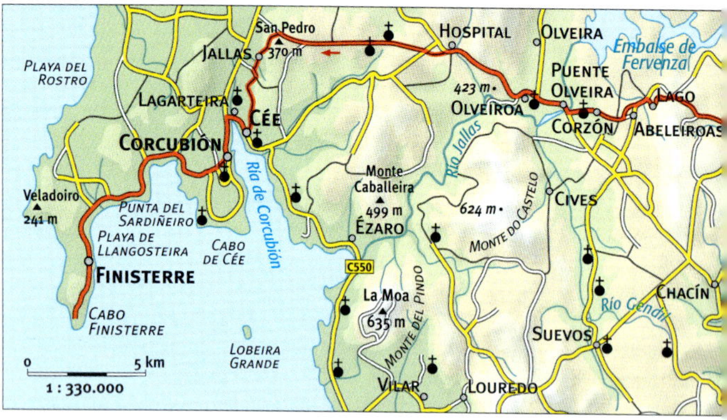

Zustand nicht allzu lange genossen. Die während der täglichen Fußmärsche entstandene Unruhe treibt auch heute die Menschen rasch weiter, kaum einer bleibt länger als drei Tage am Apostelgrab. Immer mehr von ihnen kehren aber nicht geradewegs nach Hause zurück, sondern streben, wie magisch angezogen, dem Ende der Welt zu. Die Vorstellung, daß dieser Weg die größte aller möglichen Bußübungen sei, zudem Neugier und Entdeckerdrang spielen dabei eine wichtige Rolle. Trotz leisem Schauder ist man entschlossen, einen Blick auf jenes unheimliche *mare tenebrosum* zu werfen und vielleicht noch etwas von seinem Geheimnis zu ergründen.

Etappen

Es bietet sich folgende Einteilung der Tagesabschnitte an:

1. **Tag:** Santiago de Compostela–Negreira (6.30 Std.; 21 km)
2. **Tag:** Negreira–Maroñas (6.30 Std.; 24 km)
3. **Tag:** Maroñas–Cée (10 Std.; 28 km)
4. **Tag:** Cée–Finisterre (4.30 Std.; 15 km)

1. Tag

Santiago de Compostela–Negreira

Dauer: 6.30 Std.

Länge: 21 km

Charakter: einfach; überwiegend asphaltierte, weniger befahrene Nebenstrecken, ca. 6 km Autostraße

Einkehrmöglichkeiten: Roxos-Villastrexe, Negreira

Übernachtung: **Negreira:** einfache Pilgerunterkunft beim Sportzentrum *(Polideportivo)*; kleinere Hotels und Pensionen

Von **Santiago** aus geht es auf der Ausfallstraße C. 534 Richtung Noia, bis nach etwa ca. 6 km die große Straßenortschaft **Roxos-Villastrexe** passiert ist (1.45 Std.). Nun biegen wir rechts in das Sträßlein AC. 453 ein, dem wir durch die Dörfer Portela, Ventosa, Lombao nach **Augape-**

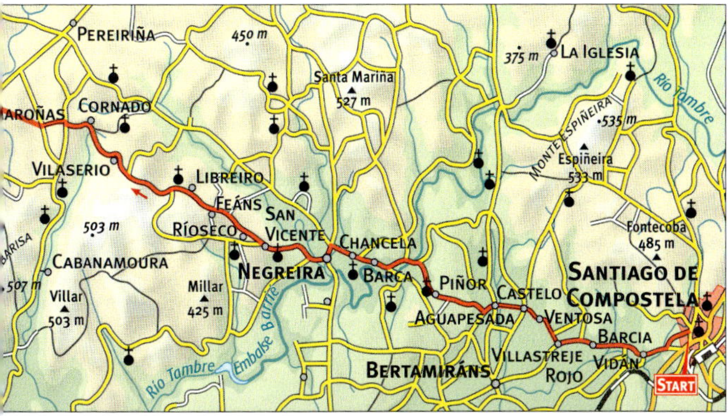

sada (2.50 Std.) folgen. Bei der Straßengabelung im Ort schwenken wir kurz nach links (AC 450 Richtung Cantalarrana–Bertamirans) und nach 400 m wieder rechts Richtung Carballo–Trasmonte. Wir kommen auf kurvenreicher Strecke an Castiñeiro do Lobo und dem Fußballplatz vorbei, steigen zur Anhöhe von **Carballo** (3.45 Std.) hinauf (um ca. 130 m auf 282 m) und überqueren im Talort Santa Maria de Trasmonte eine Nebenstraße, an Reino und Burgeiros vorbei, nach **Ponte Maceira** (4.50 Std.). Über die alte Brücke hinweg halten wir links auf **Negreira** (6.30 Std.) zu. Hier ist besonders auf die gelben Markierungen zu achten. Sie können durchaus auch mal von der hier beschriebenen Route abweichen, da sich die örtlichen Jakobsfreunde stets um Verbesserungen des Streckenverlaufs wie z. B. nicht asphaltierte Feldwege oder Abkürzungen bemühen. Wenn man sich jedoch an den folgenden Dorfnamen orientiert, kann man nicht fehl gehen.

2. Tag

Negreira–Maroñas

Dauer: 6.30 Std.

Länge: 24 km

Charakter: einfach; Nebenstraßen und Feldwege

Einkehrmöglichkeiten: Vilaserio, Maroñas

Übernachtung: **Maroñas:** einfaches Lager in der alten Schule

Leuchtturm am Ende der Welt: das Kap Finisterre

Vom Ortsteil **Chancela** wird die Marktstadt **Negreira** nach links auf der Hauptstraße durchquert. Jenseits des Flüßchens Barcala führt uns eine Nebenstraße stetig aufwärts an den Orten **Zas** – 1 km dahinter bei der Gabelung halbrechts – und **Rioseco** (1.30 Std.), Feáns, Libreiro und Portocamiño vorbei nach Vilaserio (3 Std.). Die alte Dorfschule bietet immerhin ein Dach überm Kopf. Unsere Straße kreuzt hinter Cornado (3.40 Std.) zwei größere Querstraßen und zieht auf **Maroñas** (6.30 Std.) zu.

3. Tag

Maroñas–Cée

Dauer: 10 Std.

Länge: 28 km

Charakter: mittelschwer; Feldwege, Nebenstraße, kurze Stücke entlang der Autostraße

Einkehrmöglichkeiten: Hostal, Buxantes, Cée

Übernachtung: **Cée:** Hotel Hórreo, ✆ 9 81-74 55 00 (in Corcubión, 2 km vor Cée)

In **Maroñas** folgen wir für etwa 1 km nach links der Haupstraße. Dann geht es rechts ab. Wir passieren **Bon Jesús,** umgehen hinter **Gueima** (1.10 Std.) halbrechts den höchsten Berg Aro (561 m) und zweigen bei der nächsten Gabelung nach links. An Lago vorbei und bei den ersten Häusern von **Abeleiroas** (2.15 Std.) wieder rechts, orientieren wir uns in westlicher Richtung auf die Talkirche Corzon (3 Std.) zu. Halb-

links bringt uns ein Zubringer zur Hauptstraße. Dieser folgen wir rechts auf der Bogenbrücke **Puente Olveira** über den Fluß Xallas/Jallas an Olveiroa (4.10 Std.) vorbei und weiter hinauf nach **Hospital** (6 Std.). Hier auf Zeichen achten oder fragen, da eine ältere, landschaftlich schönere Variante mit weniger Straßenberührung möglicherweise neu markiert ist! Allerdings finden sich auf ca. 10 km kaum mehr als ein paar Hütten und Einsiedelkirchen, Menschen begegnet man selten. Kurz hinter dem Ort links könnte bereits eine Markierung auf eine Abkürzung hinweisen, sofern sie nicht der Erweiterung einer nahen Industrieanlage zum Opfer gefallen ist. Dann sollte man rund 1 km hinter Hospital links ein paar hundert Meter die Landstraße Richtung Cée nehmen und rechts zwischen den Hängen einen Weg strikt nach Westen einschlagen. Dicht an zwei Kirchen und 2 km nördlich der Wallfahrtsstätte Ermita de las Nieves vorbei leitet dieses Sträßlein auf die höchste Erhebung San Pedro (370 m) zu (8.30 Std.), umrundet sie nach rechts und erreicht links abwärts die **Ermita San Pedro.** Links über die Weiler Jallas Largateiro und Pallarès geht es südwärts auf die Bucht von Corcubión, am westlichen Ende von **Cée** (10 Std.), zu.

Die deutlichere Alternative ab Straßengabelung hinter Hospital folgt 12 km lang weitgehend der o. e. Landstraße bis **Cée** (10 Std.), wobei sich auf halber Strecke bei **Carboal** rechts nochmals ein ruhiger Weg über die Berge nach Lagateira und Cée anbietet (ab Hospital ca. 4-5 Std.). In Cée stoßen wir zuletzt bei einer düsteren Fabrikanlage (Schrottaufbereitung) auf die Küstenstraße C. 550, die später in die C. 552 aus Richtung La Coruña mündet.

4. Tag

Cée–Finisterre

Dauer: 4.30 Std.

Länge: 15 km

Charakter: einfach; größtenteils Autostraße, ansonsten Feldwege und Nebenstraßen

Einkehrmöglichkeiten: in zahlreichen Orten am Weg

Übernachtung: Finisterre: Pilgerlager beim Sportzentrum *(Polideportivo);* Hotel Finisterre, ✆ 9 81-74 00 00

Bei der Anhöhe vor dem alten Ortskern von **Cée** heißt es, links möglichst eng um die von Ebbe und Flut geprägte **Ría von Corcubión** (eine aus dem Zusammenspiel von Meer und Fluß entstandene Mündungsbucht) gehen. Wir passieren den gleichnamigen schmucken Ort und achten dabei bis Finisterre immer wieder auf markierte Parallelstrecken der C. 552 oder Abkürzungen. Die erste Steigung durchschneidet eine 100 m höhere **Halbinsel** (1 Std.). Dann folgen wir der C. 552 um die im Sommer recht belebten Sandstrände von Sardiñeiro (2 Std.) und Langosteira in den Fischer- und Ferienort **Fisterra** (3.15 Std.). In 3,5 km Entfernung krönt ein Leuchtturm (4.30 Std.) das 138 m hohe **Kap Finisterre,** an dem das geheimnisumwitterte Ende der Welt anfängt, hinter dem die »Inseln der Seligen« vermutet wurden.

Kleiner Sprachführer

Neben der Amtssprache Spanisch wird entlang des Jakobswegs auch noch Baskisch und Galicisch gesprochen. Da beide Sprachen immer mehr an Bedeutung gewinnen, variieren die Schreibweisen und Abkürzungen von geographischen Namen oftmals stark und sind nicht immer eindeutig festzulegen. Im Buch wurde in der Regel die ortsübliche Version verwendet.

a la izquierda a la derecha	nach links/ nach rechts
árbol	Baum
arroyo	Bach, Bachbett
barranco	Schlucht
barrio	Stadtviertel
bosque	Wald
cabaña, tenada	Hütte
cable de alta tensión	Hochspannungsleitung
calzada	Pflasterweg
camino	Weg
campo	Feld
cañada	Hohlweg, Weidepfad
carretera	Autostraße
casa/edificio	Haus/Gebäude
castillo	Burg
cementerio	Friedhof
colina	Hügel
costa	Küste
cruce	Kreuzung, Gabelung
cruz, cruceiro	Wegkreuz
cueva, bodega	Höhle
delante/detrás	davor/dahinter
distancia	Entfernung
finca, granja	Bauernhof
fuente	Quelle
granero	Scheune
haya	Buche
horreo	Maisspeicher
iglesia	Kirche
jardin, huerta	Garten
lago/embalse	See/Stausee
llanura, llano	Ebene
lluvia	Regen
mar	Meer
meseta	Hochebene
mirador	Aussichtspunkt
molino	Mühle
montaña	Berg, Gebirge
muro	Mauer
nieve	Schnee
nube/nublado	Wolke/bewölkt
palloza	ovales galicisches Steinhaus
páramo	Rumpffläche im Hochland
pazo	Gutshof, Adelssitz
picea	Fichte
pico	Gipfel
piedra	Stein
pino	Pinie, Kiefer
pozo	Brunnen
prado, pradera	Wiese, Weide
pueblo, castro	Dorf
puente	Brücke
puerto	Gebirgspaß, Hafen
reja, verja	Gatter
ría	Flußmündung
río	Fluß
roble/encina	Eiche/Steineiche
roca, peña	Fels
ruina	Ruine
señal, rótulo	Hinweisschild
senda, sendero	Pfad, Feldweg
soto, matorral	Gebüsch
todo seguido, recto	geradeaus
tormenta	Gewitter, Sturm
vallado, valla	Zaun
valle	Tal
viento	Wind
viña	Weinberg

Register

DUMONT aktiv

Die neuen Wanderführer für Aktive: Zu den schönsten Wanderzielen Europas

Alle Informationen zu jeder Wanderung auf einen Blick: Charakter und Anspruch, Dauer und Länge, An- und Abstiege, Ausrüstung und Einkehr unterwegs, Anfahrt mit Auto und öffentlichen Verkehrsmitteln.

Die Karten für jede Wanderung sind in enger Abstimmung mit der Wegbeschreibung erstellt worden. Das Resultat: praktisch, exakt und übersichtlich.

Höhenprofile: Geht's bergauf oder bergab, ist die Tour lang oder kurz? Farbige Höhenprofile zu jeder Wanderung lassen keine Frage offen.

Mit zuverlässigen und detaillierten Wegbeschreibungen für die Durchführung der Touren.

Zahlreiche farbige Abbildungen machen Appetit auf das Naturerlebnis und wecken die Vorfreude – und was unterwegs besonders auffällt, wird am Ende des Textes vorgestellt und erklärt.

Weitere Informationen über die Titel der Reihe DUMONT aktiv erhalten Sie bei Ihrem Buchhändler oder beim DUMONT Buchverlag • Postfach 10 10 45 • 50450 Köln
Besuchen Sie uns im Internet: http://www.dumontverlag.de

DUMONT EXTRA

Der Reiseführer mit topaktuellen Tips, fünf ungewöhnlichen Extra-Touren und einer handlichen Karte zum Ausklappen für nur
DM 12,90 / öS 94,- / sFr. 12,90
Jährlich aktualisiert!

»Große Klasse zum kleinen Preis: schnelle Infos, tolle Fotos, fünf Touren, moderne Grafik und Extrakarte. Ein kompletter Reiseführer für junge Leute und Junggebliebene. Mit Insidertips, die jede Reise zu einem wahren Vergnügen machen.« *buch aktuell*

»Es handelt sich hier um kompakte Reiseführer mit verläßlichen, topaktuellen Tips und wirklich lohnenden, originellen Routenbeschreibungen. Außerordentlich ist die jährliche Neuauflage! Ingesamt bietet ›DUMONT Extra‹ Tips, Tips und nochmals Tips; und diese dann auch garantiert Jahr für Jahr neu.« *Nordbayerischer Kurier*

Weitere Informationen über die Titel der Reihe DUMONT-Extra erhalten Sie bei Ihrem Buchhändler oder beim DUMONT Buchverlag • Postfach 10 10 45 • 50450 Köln
Besuchen Sie uns im Internet: http://www.dumontverlag.de

DUMONT REISE-TASCHENBUCH

»Ein DUMONT muß nicht dick sein. Mit höchstens 240 Seiten passen die DUMONT Reise-Taschenbücher wirklich in jede Tasche. Sehr übersichtlich und optisch ansprechend bietet diese Reihe trotz der Kürze viel Hintergrundwissen im landeskundlichen Teil. Nach dem Motto ›Man sieht nur, was man weiß‹ wurden auch diese Titel wieder von ausgezeichneten Landeskennern verfaßt und Urlaubsziele unter neuen Aspekten vorgestellt.«

tours

»Was den DUMONT-Leuten aber gelungen ist: Trotz der Kürze steckt in diesen Büchern genügend Würze. Immer wieder sind unerwartete Informationen zu finden, nicht trocken eingestreut, sondern lebhaft geschrieben ... Diese Mischung aus journalistisch aufgearbeiteten Hintergrundinformationen, Erzählung und die ungewöhnlichen Blickwinkel, die nicht nur bei den Farb- und Schwarzweißfotos gewählt wurden – diese Mischung macht's. Eine sympathische Reiseführer-Reihe.«

Südwestfunk

Weitere Informationen über die Titel der Reihe DUMONT Reise-Taschenbücher erhalten Sie bei Ihrem Buchhändler oder beim DUMONT Buchverlag • Postfach 10 10 45 • 50450 Köln
Besuchen Sie uns im Internet: http//www.dumontverlag.de

DUMONT RICHTIG REISEN

»Den äußerst attraktiven Mittelweg zwischen kunsthistorisch orientiertem Sightseeing und touristischem Freilauf geht die inzwischen sehr umfangreich gewordene, blendend bebilderte Reihe ›Richtig Reisen‹. Die Bücher haben fast schon Bildbandqualität, sind nicht nur zum Nachschlagen, sondern auch zum Durchlesen konzipiert. Meist vorbildlich der Versuch, auch jenseits der ›Drei-Sterne-Attraktionen‹ auf versteckte Sehenswürdigkeiten hinzuweisen, die zum eigenständigen Entdecken abseits der ausgetrampelten Touristenpfade anregen.«

Abendzeitung, München

»Zum einen bieten die Bände der Reihe ›Richtig Reisen‹ dem Leser eine vorzügliche Einstimmung, zum anderen eignen sie sich in hohem Maß als Wegweiser, die den Touristen auf der Reise selbst begleiten.«

Neue Zürcher Zeitung

»Schön bebildert, ansprechend und übersichtlich aufgemacht. Erstklassige Autoren.« *Reise und Preise*

Weitere Informationen über die Titel der Reihe DUMONT Richtig Reisen erhalten Sie bei Ihrem Buchhändler oder beim DUMONT Buchverlag • Postfach 10 10 45 • 50450 Köln
Besuchen Sie uns im Internet: http://www.dumontverlag.de

DUMONT KUNST REISEFÜHRER

Der Klassiker – neu in Form:
»Man sieht nur, was man weiß«
– wer gründlich informiert reisen will, greift seit Jahren aus gutem Grund zu den DUMONT Kunst-Reiseführern. Seit 1968 setzen die DUMONT Kunst-Reiseführer Maßstäbe mit sorgfältig recherchierten Informationen von erfahrenen Autoren. Die neue Gestaltung ist übersichtlicher – die Qualität ist geblieben.

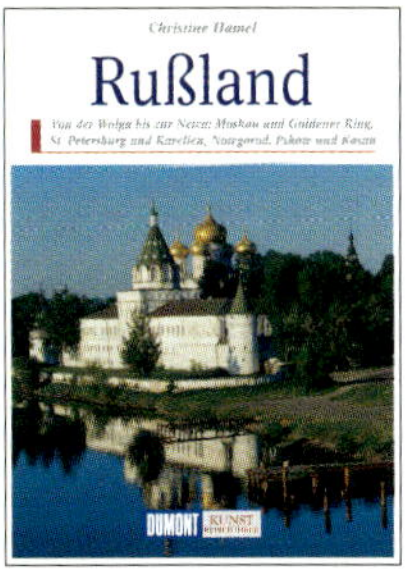

»... brillante Fotografien, detaillierte Zeichnungen und farbige Karten machen den neuen zu einem würdigen Nachfolger des alten Kunst-Reiseführers. Wer ihn benutzt, wird keinen zusätzlichen Museumsführer oder Ortsplan brauchen. Der gelbe Teil mit reisepraktischen Tips wurde ausgeweitet.« *Die Zeit*

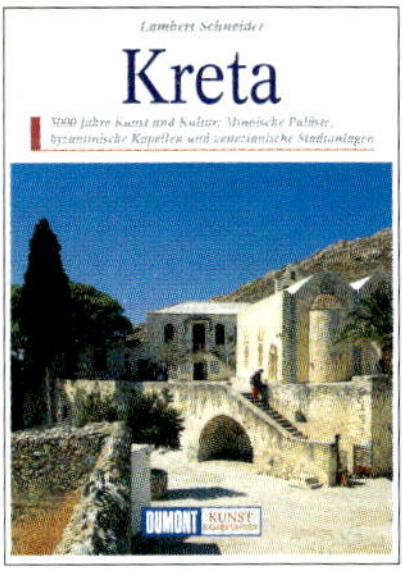

»Die neu gestaltete Reihe ist auch für Laien leicht lesbar.«
Süddeutsche Zeitung

»...der Klassiker für die Kunstfreunde, zeitgemäß umgestaltet.« *Globo*

Weitere Informationen über die Titel der Reihe DUMONT Kunst-Reiseführer erhalten Sie bei Ihrem Buchhändler oder beim DUMONT Buchverlag • Postfach 10 10 45 • 50450 Köln
Besuchen Sie uns im Internet: http://www.dumontverlag.de

Abbildungsnachweis

Max Grönert, Köln S. 8, 19, 25, 59, 63, 67, 79, 114, 127, 131, 145, 156/157
Markus Hugo, Köln S. 107
Xurxo Lobato, Santiago de Compostela S. 14
Arnim Scheider, Taufkirchen S. 81, 118, 119
Jörg Steinert/Whitestar, Hamburg S. 1, 2, 6, 12, 13, 33, 49, 54, 71, 95, 103, 122, 132/133, 137,140/141, 143
Klaus Thiele, Warburg Titelbild, S. 10, 47, 69, 101, 123
Ulrich Wegner, Pfullingen 37, 41, 73, 89, 108/109, 152

Karten und Höhenprofile: Berndtson & Berndtson Productions GmbH, Fürstenfeldbruck © DuMont Buchverlag, Köln

Impressum

Titelbild: Blick von der Burg Clavijo ins Ebro-Tal

Über den Autor: Ulrich Wegner, geboren 1946, studierte in Köln und Pamplona Geschichte und Kunstgeschichte. Spanien und Portugal lernte er bei seinen zahlreichen Aufenthalten als Studienreiseleiter kennen.

Die deutsche Bibliothek – CIP-Einheitsaufnahme

Wegner, Ulrich
Wandern auf dem Spanischen Jakobsweg / Ulrich Wegner. - Köln
© DuMont, 1999
DuMont aktiv
ISBN 3-7701-4770-7

Graphisches Konzept: Groschwitz, Hamburg
© 1999 DuMont Buchverlag, Köln
Alle Rechte vorbehalten
Druck: Rasch, Bramsche
Buchbinderische Verarbeitung: Bramscher Buchbinder Betriebe

ISBN 3-7701-4770-7